»So viel weiter Himmel – daran muss man sich erst einmal gewöhnen.«

(Martin Kirchner)

*Der Autor **Sven Bremer** kommt aus Bremen. Als Kind schon buddelte er am Nordseestrand und watete durchs Watt. Bei den Recherchen hat er über die wechselhafte Geschichte der Region gestaunt und sich an der Herzlichkeit der Bewohner erfreut.*

*Soviel weiter Himmel – das war für den Berliner **Martin Kirchner** erst einmal gewöhnungsbedürftig. Am beeindruckendsten waren für den Fotografen die Wattwanderungen mit kundigen Führern.*

Liebe Leserinnen, liebe Leser!

„90 Prozent Himmel und 10 Prozent Erde – das ergibt 100 Prozent Ostfriesland.“ Das jedenfalls sagen die Ostfriesen selbst über ihre Heimat. Kein Berg, kaum ein hoher Bau verstellt den Blick auf den endlosen Horizont. Und das ist genau der Grund, weswegen ich diese Region im Nordwesten Deutschlands besonders mag. Man ist hier ganz auf sich selbst und die Natur zurückgeworfen.

Alltagshektik ade!

Egal, ob Sie auf einer der Ostfriesischen Inseln oder auf dem Festland urlauben wollen, jeder, der einen Sinn für weite Landschaften und stille Natur hat, findet hier sein persönliches Urlaubsparadies. Als mondänste der Ostfriesischen Inseln gilt Norderney, sofern man überhaupt davon sprechen kann, existiert hier so etwas wie ein „Nachtleben“. Auf Baltrum, Langeoog, Spiekeroog und Wangerooge oder auch Juist gehen die Uhren langsamer. Hier kann man der Hektik ade sagen, kein Stress, kaum Autos, nur Wind und Wellen. Wangerooge steht übrigens bei Familien hoch im Kurs, während Spiekeroog das bevorzugte Ziel von Naturliebhabern ist. Sie befinden sich in bester Gesellschaft, schließlich urlaubten hier schon mehrere deutsche Bundespräsidenten.

Spiel, Sport und Spaß

Langweilen muss sich auf den Inseln und im schönen Binnenland niemand. Leer und Oldenburg überzeugen mit hübschen Altstädten, Emden mit seiner Kunsthalle und in der Papenburger Werft werden Kreuzfahrtträume wahr. Und dann gibt es noch ein riesiges Angebot an Sportmöglichkeiten und Ausflügen. Vielleicht probieren Sie es mal mit einem unserer Aktiv-Tipps, beispielsweise einer Schlittenfahrt durchs Watt (s. Seite 33) oder Sie „geben sich die Kugel“ und testen Ostfrieslands Volkssportarten. Bei allen Unternehmungen wünsche ich Ihnen viel Vergnügen!

Herzlich

Ihre

Birgit Borowski

Birgit Borowski
Programmleiterin DuMont Bildatlas

90 Ohne Tee ist in Ostfriesland kein geregelter Tagesablauf denkbar. Aber Tee ist hier nicht gleich Tee – seinen Geschmack zu erhalten, gleicht einer Geheimwissenschaft

34 Nicht nur Sandburgen bauen oder Wattwandern – unter den Inseln arbeitet vor allem Norderney erfolgreich am sportlichen Image

100 Oldenburg, Emden, Aurich und Leer (Foto) sind nicht München oder Berlin. Aber auch Ostfrieslands Zentren lohnen einen abendlichen Stadtbummel

Impressionen

Krummhörn • Norderland

Westliche Inseln

Östliche Inseln

UNSERE FAVORITEN

BEST OF ...

62 Auf den ersten Blick erscheint das Watt eher eintönig. Doch ein genauerer Blick auf und in diese erstaunliche Lebenswelt fasziniert

Maßstab 1:800.000
0
10km
NORDSEE
Westliche Inseln 34 – 51
Östliche Inseln 52 – 69
Land an der Jade 70 – 85
Krummhörn · Norderland 20 – 33
Fehnland 100 – 115
Oldenburg · Ammerland 86 – 99
1
2
3
4
5
6
7
8
9
10
11
Ostfriesische Inseln
Ostfriesland
Harlinger Land
Ammerland
Oldenburgisches Münsterland
Helgoländer Bucht
Helgoland
Nationalpark Niedersächsisches Wattenmeer
Nationalpark Schleswig-Holsteinisches Wattenmeer
Nationalpark Hamburgisches Wattenmeer
Borkum
Juist
Norderney
Baltrum
Langeoog
Spiekeroog
Wangerooge
Norden
Emden
Aurich
Leer
Wittmund
Jever
Wilhelmshaven
Cuxhaven
Bremerhaven
Oldenburg
Delmenhorst
Papenburg
Cloppenburg
Vechta
Meppen
Lingen (Ems)
Nordhorn
Osnabrück
Groningen
Emmen
Assen
Almelo
Hengelo
NEDERLAND

Topziele

Die bedeutendsten Sehenswürdigkeiten der Region und Ereignisse, die keinesfalls versäumt werden sollten, haben wir auf dieser Seite zusammengestellt. Auf den Infoseiten sind sie jeweils als **TOPZIEL** *gekennzeichnet.*

ERLEBEN

1 **Ein Herz für Heuler:** Verwaiste Seehundbabys finden in der Seehundaufzuchtstation von Norddeich Aufnahme. **Seite 33**

2 **Schmuckstück an der Leybucht:** Geradezu ein Gesamtkunstwerk: Greetsiels malerischer Ortskern am Heimathafen traditioneller Krabbenkutter. **Seite 31**

3 **Lebhaftes Oldenburg:** In einer besonders liebens- und lebenswerten Stadt Deutschlands kann man sich wunderbar treiben lassen. **Seite 97**

4 **Leer und der Ostfriesengenuss:** Alle Fragen zum Thema Tee werden in den Museumsräumen beantwortet – ostfriesische Teezeremonie inklusive. **Seite 114**

5 **Schiffbau an der Ems:** Modernste Ozeanriesen und nach alten Plänen gebaute Traditionssegler – Papenburg bietet beides. **Seite 115**

GENIESSEN

6 **Traditionskost in Zwischenahn:** Spezialität des urigen „Spiekers" am Seeufer ist „Smoortaal". **Seite 98**

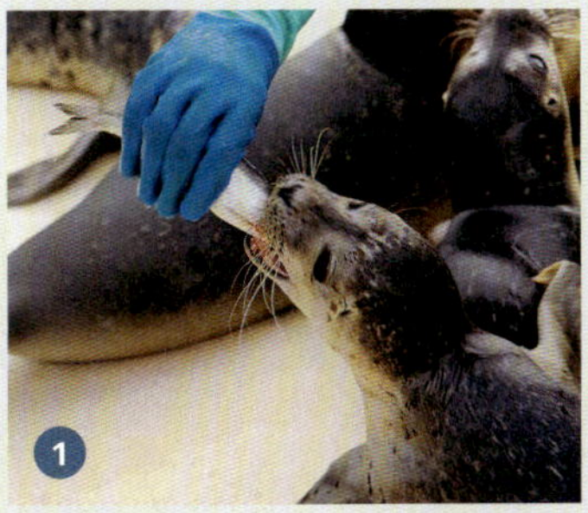

KULTUR

7 **Kunsthalle in Emden:** Sternstunden der Malerei des 20. Jahrhunderts sind hier in der ostfriesischen Provinz zu bewundern. **Seite 31**

8 **Bummel durch Leer:** Das „Tor Ostfrieslands" besitzt eine der schönsten Altstädte Norddeutschlands. **Seite 114**

NATUR

9 **Sandbank Juist:** Ein Strandspaziergang ist besonders während der Vogelzugsaison ein großartiges Erlebnis. **Seite 50**

10 **Erholungsinsel Spiekeroog:** Die grünste und ursprünglichste der Ostfriesischen Inseln verspricht stille Urlaubsfreuden. **Seite 67**

11 **Nationalpark Wattenmeer:** Zentrum der zahllosen Informationsstellen ist das Unesco-Weltnaturerbe Wattenmeer Besucherzentrum in Wilhelmshaven. **Seite 85**

Reif für die Insel

In der Hochsaison kann es schon mal eng werden. Doch keine Sorge: Abseits vom Trubel der Hauptstrände bieten auf allen Ostfriesischen Inseln dünengesäumte Sandstrände Raum auch für ausgedehnte Spaziergängen durch einzigartige Naturlandschaften – wie beispielsweise an Spiekeroogs Nordstrand bei aufkommender Flut.

Hereinspaziert durchs „Tor Ostfrieslands“

Bitte einzutreten: Leer steckt voller Überraschungen. Im Mittelalter war die Stadt Sitz eines mächtigen Ostfriesen-Häuptlings. Heute ist das Provinzstädtchen zweitgrößter Reedereistandort Deutschlands. Besonders stolz jedoch sind die Leeraner auf ihre Altstadt, die ebenso wie die alten Zentren Aurichs und Oldenburgs zum Bummeln einlädt.

A.D.1643
J.W. WOLF
Verkauf

Hart am Wind

Alljährlich treffen sich die besten Windsurfer der Welt auf Norderney. Mit beeindruckender Geschwindigkeit sind sie auf der „kabbeligen" Nordsee unterwegs und faszinieren mit tollkühnen Manövern die Zuschauer an Strand und Promenade. Auch wenn die gesamte Region bis hin zum ungewöhnlichen Volkssport Boßeln vielerlei Möglichkeiten bereithält – Norderney, das älteste Seebad an der Nordseeküste, ist zweifelsohne die sportlichste der Ostfriesischen Inseln.

GER-69
GUN SAILS
CZE 73

Kulturelle Überraschungen am laufenden Band

Maritimes Flair und Malerei von Weltrang: Seit Henri Nannen, gebürtiger Emder und Stern-Gründer, 1986 seiner Heimatstadt die Kunsthalle spendierte, kann die Seehafenstadt am Dollart mit beidem aufwarten. Emden ist das kulturelle Zentrum der Region, doch ganz Ostfriesland hat inzwischen weit mehr als Krabbenbrot und Kutterromantik zu bieten. Kunst und Kultur werden hier groß geschrieben, ob beim Orgelfrühling in der Krummhörn, in den zahlreichen Museen oder den historischen Windmühlen und Backsteinkirchen.

CAROLINE

Romantisches Ziel am Siel

Vor wenigen Jahrhunderten noch reichte die Nordseeküste bis zum heutigen Carolinensiel. Wie überall an der ostfriesischen Küste wurden hier durch Eindeichung und damit verbundener Landgewinnung der weit ins Land eingedrungenen Nordsee fruchtbare Marschen abgerungen. Wo Flüsschen oder Entwässerungspriele auf Deiche trafen, entstanden Sielhäfen wie Carolinensiel, heute ein romantischer Museumshafen, der Touristen mit seinen historischen Plattbodenseglern und frisch gepultem Granat anzieht.

Ostfriesische Rekorde

Höher, weiter, schiefer

Ostfriesland ist ein Land der Superlative und der Rekorde. Hinterm Deich findet man nicht nur den größten und den kleinsten Leuchtturm Deutschlands, sondern auch die wohl kleinste Kneipe der Republik. Und lauter schiefe Kirchtürme im platten Land, von denen einer noch viel schiefer als der von Pisa ist.

4

1

1 Up'm Prüfstand

Einst beherbergte das winzige Backsteingebäude am Vareler Hafen eine Waage für Krabben, später wurde es als Bremsenprüfstand genutzt. 1988 hatte es ausgedient und Wolfgang Reents vom gegenüberliegenden Fischrestaurant eine „Schnapsidee". Im wahrsten Sinne des Wortes: Er machte aus dem gerade einmal 4,5 Quadratmeter kleinen Häuschen die wohl kleinste Kneipe Deutschlands. Die Spezialität, den „Bullenschluck" muss man im Stehen trinken, für Stühle ist kein Platz …

Up'm Prüfstand, Am Hafen 7, Varel, Tel. 04451 2161, www.vareler-hafen.net

2 Orgelklänge in der Krummhörn

Der Kirchturm auf der Warft im kleinen beschaulichen Ort Rysum in der Krummhörn ragt gerade in den Himmel, das ist eher eine Besonderheit in der Region. Berühmtheit aber erlangte die Kirche durch seine Orgel, die unter den ältesten Orgelwerken der Welt im Grundbestand einzigartig erhalten und noch bespielbar ist. Um 1442 in Groningen erbaut, erklingt das gotische Instrument mit seinen sieben Registern jeden Sonntag zum Gottesdienst und natürlich alljährlich zum Krummhörner Orgelfrühling, der auch die Orgeln in den umliegenden Kirchen von Uttum, Groothusen, Jennelt, Marienhafe, Cirkwehrum, Westerhusen, Manslagt und Eilsum jubilieren lässt.

Rysumer Kirche, Turmstraße 1, Krummhörn-Greetsiel, Tel. 04927 267, www.krummhoerner-orgelfruehling.de

3 Spiegel einklappen und Spur halten

Viel los ist wirklich nicht im beschaulichen Amdorf, knapp zehn Kilometer östlich von Leer. Eine Ampel gibt es trotzdem – aus gutem Grund. Und da sieht man nicht selten Autofahrer, die vorsichtshalber ihre Außenspiegel einklappen. Denn wer hier die Leda überqueren will, der muss über die 1956 gebaute Amdorfer Brücke. Und die ist mit einer Breite von 1,94 Metern (die Fahrspur ist sogar nur 1,85 m breit) die schmalste Autobrücke Deutschlands.

Amdorfer Brücke über die Leda, Trappenweg, Detern

4 Mit einem PS zum Strand

1885 wurde sie eröffnet als sogenannte einmetrige Pferdebahn und verband das Dorf Spiekeroog mit dem Herrenstrand am Westend. Später ersetzten Diesellokomotiven die Pferde, und dann wurde die Verbindung ganz eingestellt. Doch seit 1981 verkehrt die Inselbahn wieder fahrplanmäßig zwischen März und Oktober als Deutschlands einzige Museums-Pferdebahn. Gemächlich mit einer Pferdestärke zuckelt der offene Pferdebahnwagen aus dem Jahr 1886 mit seinen 16 Sitzplätzen in zwölf Minuten über die gut anderthalb Kilometer lange Strecke.

Pferdebahn Spiekeroog, Anmeldung für Gruppen bei Christian Roll, Noorderloog 25, Spiekeroog, Tel. 0177 512 05 19, www.spiekeroog.de

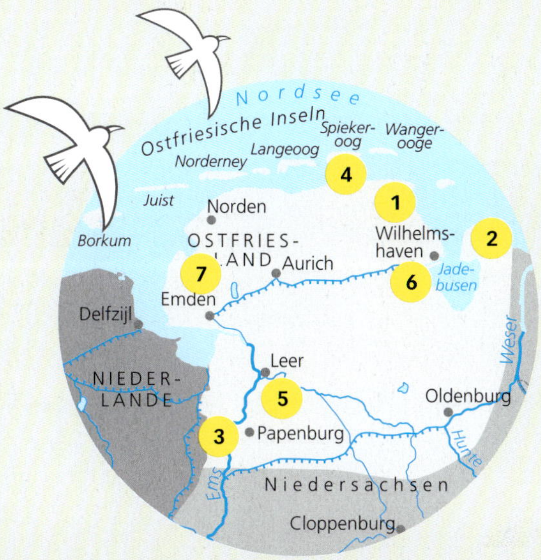

7 Schiefer als der Turm von Pisa

Der knapp 28 Meter hohe Kirchturm in Suurhusen bei Emden ist mit einer Neigung von 5,19 Grad deutlich schiefer als der Schiefe Turm von Pisa, der es nur auf lächerliche rund 4 Grad bringt. Und hat es deshalb als „most leaning tower" sogar ins Guiness-Buch der Rekorde geschafft. Der Turm in Midlum im Rheiderland ist mit einer Neigung von 6,74 Grad sogar noch schiefer. Aber weil er nur 14 Meter hoch ist, fand er keinen Einlass ins Buch der Superlative und Rekorde. Verstehe das, wer will …

Kirchturm Suurhusen, Tjabbo van Lessen, Tel. 04925 5 25, Hinte, www.kirche-suurhusen.de; Führungen n. Vereinb.

5 Alles Handarbeit

Dort, wo Leda und Jümme zusammenfließen, setzt man noch auf echte Handarbeit. Aber hier in Wiltshusen wird nicht etwa gehämmert, gesägt oder gefeilt – hier ziehen starke Männer die älteste von Hand betriebene Fähre Europas, die so genannte „Pünte", von einem Jümme-Ufer zum anderen. Bereits 1562 wurde die Fährverbindung auf der Handeslroute zwischen Emden und dem Oldenburgischen erstmals erwähnt. Seit 2002 steht die „Pünte" unter Denkmalschutz, und die Mitglieder des „Pünten-Vereins" sehen sich als Bewahrer der Geschichte für kommende Generationen, jederzeit offen für neue Mitglieder, die das schweißtreibende Tun unterstützen wollen.

Jümmer-Fähre „Pünte", Amdorferstraße 101, Leer, Tel. 0491 919 69 60, www.puentenverein.de

6 Labskaus für alle

Eröffnet wird das traditionelle Labskaus-Essen in Wilhelmshaven mit dem Ruf „Backen und Banken", was in der Sprache der Seeleute so viel bedeutet wie „Essen ist fertig". Beim weltweit größten Labskaus-Essen am größten Marine-Standort Deutschlands werden mehr als 10 000 Portionen des traditionellen Seemanns-Essen verputzt – echte Schifferkost, die sich auch mit Skorbut-geschädigten Zähnen bequem verzehren lässt. 1701 hörte man erstmals von dieser „Pampe" aus pürierten Kartoffeln und durchgedrehtem Pökelfleisch, mittlerweile serviert von den zahlreichen Wilhelmhavener Gastronomen als jeweils individuelle Version – Rote Bete, Gurken, Spiegelei und oftmals ein eingelegter Hering sind aber eigentlich immer dabei.

Labskaus-Essen, Touristik & Freizeit GmbH Wilhelmshaven, Bahnhofstraße 10, Wilhelmshaven, Tel. 04421 91 30 00, www.wilhelmshaven-touristik.de

Lob der Ursprünglichkeit

90 Prozent Himmel und zehn Prozent Erde – das ergibt 100 Prozent Ostfriesland. Diese Formel beschreibt die Weite der Krummhörn wohl am Besten – eine große Freiheit für immerwährenden Wind, der hier seit Menschengedenken Mühlenflügel in Bewegung hält. Vom pittoresken Greetsiel aus stechen – hoffentlich auch noch in Zukunft – die Krabbenkutter in See. Und in der Seestadt Emden, wirtschaftliches und kulturelles Zentrum Ostfrieslands, begann „Blödelbarde" Otto Waalkes seine Karriere.

Jahrhundertealt ist die Fähigkeit der Küstenbewohner, Windkraft zu nutzen – auch bei Emden

„De Vrouw Johanna" und ihre Nebengebäude wurden 1804/1805 erbaut. Der Galerieholländer steht auf dem im 17. Jahrhundert errichteten Emder Stadtwall

Im Innenhafen von Emden bilden das Feuerschiff „Deutsche Bucht", der hölzerne Heringssegellogger „Stadt Emden" und der Seenotrettungskreuzer „Georg Breusing" ein kleines Schifffahrtsmuseum

Der Künstler selbst hat den Durchbruch längst geschafft: Otto-Huus in Emden

Anziehungspunkt für Freunde der jüngeren Malerei: Die Kunsthalle Emden hat ihren Ursprung in der Stiftung Henri Nannens

„Ein Haus mit menschlichen Dimensionen" nannte Richard von Weizsäcker die Kunsthalle Emden, als Henri Nannens kostbare Gabe an seine Heimatstadt 1986 eingeweiht wurde.

Lange Zeit wurden die Emder in Ostfriesland als „Pottjekackers" verspottet, weil sie erst relativ spät an die Abwasser-Kanalisation angeschlossen wurden. Darüber können sie heute nur noch milde lächeln – vielmehr ärgert es sie, als „Emdener" bezeichnet zu werden. Emden ist „Ostfrieslands Tor zur Welt". Obwohl im Zweiten Weltkrieg in Schutt und Asche gebombt, besitzt die Seehafenstadt doch reichlich Flair und noch mehr Wasser. Sogar die berühmte Kunsthalle ist mit dem Boot zu erreichen. Nördlich von Emden beginnt die „krumme Ecke". Hinterm Deich werden keine krummen Dinger gedreht, hier geht es geradewegs in eine Bilderbuch-Landschaft aus satt-grünen Weiden und romantischen Dörfern. Ostfriesischer ist Ostfriesland wohl nirgends sonst.

Teile der Krummhörn liegen sogar unterhalb des Meeresspiegels. Deshalb wurden Häuser und Kirchen früher auf sogenannten Warfen errichtet, erhöhten und zumeist kreisrunden Erdhügeln. Zum Schutz vor den Sturmfluten, die so sicher wie das Amen in den Kirchen kamen. Auf die Idee Deiche zu bauen, waren die tapferen Friesen erst später gekommen. Die wuchtigen Backsteinkirchen jedenfalls waren viel zu schwer für den weichen Boden der aufgeschütteten Warfen. In der Folge sackten ihre Türme ab – der schiefe Turm von Pisa steht geradezu wie eine Eins im Vergleich zum Kirchturm in Suurhusen, der mit einer Neigung von 5,19 Grad als schiefster Turm der Welt sogar Einzug ins Guinness-Buch der Rekorde gefunden hat. Mit Glück kann man in der Krummhörn den Klängen einer der zahlreichen historischen Orgeln lauschen. Aber keine Sorge: Die Organisten spielen keinesfalls so schief, wie die Kirchtürme es vermuten lassen könnten.

Himmlische Formel

Weitaus gerader stehen die Krummhörner Leuchttürme am Deich. Unterschiedlicher könnten sie nicht sein – der gerade einmal elf Meter hohe Pilsumer Leuchtturm und der fast 65 Meter aufragende „Wächter des Meers" Campens, damit der höchste Deutschlands. Letzterer wird gern als „Eiffelturm der Nordsee" bezeichnet. Und tatsächlich ähnelt er durch seine dreibeinige Stahlbein-Konstruktion nicht nur dem Wahrzeichen von Paris, sondern er ist auch im selben Jahr (1889) fertiggestellt worden. Eng ist es, düster und stickig, wenn man die mehr als 300 Stufen hinauf klettert zur Plattform. Dort fällt man im wahrsten Sinn aus allen Wolken. Der Himmel scheint hier noch ein wenig weiter, noch

Greetsiel hat zwei Wahrzeichen –
den Kutterhafen und seine Zwillingsmühlen

Den malerischen Hafen von Greetsiel säumen gemütliche Backsteinfassaden

Marienhafe wuchert heute mit seinem Pfund Störtebeker

blauer. Der überzeugte Ostfriese rechnet folgendermaßen: 90 Prozent Himmel und 10 Prozent Erde, das ergibt 100 Prozent Ostfriesland.

Filmstar am Deich

Der Pilsumer Leuchtturm ist ein Zwerg, als Nebendarsteller in Otto Waalkes' Kinofilm „Otto – der Außerfriesische", kam der rot-gelbe Winzling aber groß raus, hat geradezu Kultstatus erlangt. Seitdem wird er auch „Otto-Leuchtturm" genannt. In Betrieb war er nur bis 1919, danach verfiel er. Ein Schandfleck war er, eine einzige Rostbeule. 1972 forderte der Deichrichter Jannes Ohling mit drastischen Worten die Renovierung ein. Wenn diese nicht binnen eines Jahres vonstatten gehen würde, solle der Oberamtmann Müller gefälligst „am Turm aufgeknüpft werden". Turm und Müller überlebten – und Ostfriesland hat seitdem ein Wahrzeichen mehr.

Kirchenasyl für Piraten

Weiter im Landesinneren, im Brookmerland, ragt der Kirchturm der St. Marienkirche zu Marienhafe in den Himmel. Der Ort heißt nicht ohne Grund so, denn vor mehr als fünfhundert Jahren, als der berühmt-berüchtigte Pirat Klaus Störtebeker in der Nordsee sein Unwesen trieb, konnte er dort noch mit dem Schiff

Special

Seehunde

Glückliche Heuler

„Guck mal, ist der niedlich." Peter Lienau, Leiter der Seehundaufzuchtstation in Norddeich, bekommt solche Liebeserklärungen täglich zu hören. Sie gelten natürlich nicht ihm, sondern den kleinen Seehunden und Kegelrobben in den Bassins.

Dass die kleinen „Heuler" im Wasser herumtollen und so freundlich aus ihren braunen Knopfaugen in die Weltgeschichte blicken können, haben sie der Seehundaufzuchtstation zu verdanken, die verwaiste Jungtiere rettet und wieder aufpäppelt. Die Ursachen für die Trennung von Seehund-Müttern und ihren Jungen sind vielfältig. Als natürliche Trennung gilt, wenn Zwillinge zur Welt kommen, die Mutter sich aber nur um eines der Jungen kümmern kann. Oft trennen auch extreme Wetterbedingungen die Familien. Für die unnatürliche Trennung ist fast ausschließlich der Mensch verantwortlich, wenn er beispielsweise zu nah an die Seehunde herankommt oder mit Booten an den Sandbänken vorbei rast. Zunächst in Quarantäne, kommen die Findlinge nach ersten Untersuchungen zu ihren Artgenossen in die großen Becken. Dort bleiben die meisten acht bis zehn Wochen. Können sie selbstständig fressen und haben ein Gewicht von 25 bis 30 Kilogramm erreicht, geht es wieder hinaus in die Nordsee. Vor der Auswilderung werden die Seehunde mit Mikrochips versehen, zur Überwachung und zu Forschungszwecken.

Ostfriesland ist durchsetzt von kleinen „Meeren" –
hier das Uphuser östlich von Emden

Über einer mittelalterlichen Anlage entstand im 17. und 18. Jahrhundert
das Dornumer Wasserschloss, heute feudale Realschule

Burg Berum verdankt sein Erscheinungsbild dem 16. und 17. Jahrhundert und ist heute ein Feriendomizil, auf dem sich auch schon mal ein Bundespräsident erholte

Das frühromantische Gartenkunstwerk von Lütetsburg entstand vor rund 200 Jahren nach dem Vorbild des viel bewunderten Wörlitzer Gartenreichs

anlegen. Erst im späten Mittelalter wurde Marienhafe durch die Verlagerung der Küstenlinie zum Binnenort. Störtebeker jedenfalls bekam in der Marienkirche so etwas wie Kirchenasyl. Seither nennen die Marienhafer den Kirchturm stolz „Störtebeker-Turm". Und bezeichnen ihren Ort bisweilen scherzhaft gar als „Wiege des Sozialismus". Denn Störtebeker war als „Likedeeler" („Gleichteiler") dafür bekannt, dass er es den reichen „Pfeffersäcken" nahm und seine Beute seinesgleichen und auch den Armen gab – zumindest teilweise.

Die meisten ostfriesischen Schlösser gehen auf mittelalterliche Häuptlingssitze zurück – so in Dornum, Hage und Hinte.

Unterstützt wurde Störtebeker vom ostfriesischen Häuptling Widzel tom Brook, der im Clinch mit der Hanse lag. Kein Ostfriesenwitz! Die ostfriesischen Herrscher im Mittelalter nannten sich tatsächlich Häuptlinge. Wer denkt da nicht an Winnetou oder Sitting Bull? Aber sie waren wohl eher heutigen Warlords zu vergleichen.

Die Häuptlingsdynastien hatten die Macht im 14. Jahrhundert übernommen, nachdem Flutkatastrophen und Seuchen das übliche Miteinander untergraben hatten. Zuvor war die Region eine Art demokratischer Oase im ansonsten feudalen Europa. Die Abgeordneten der „Sieben Seelande" versammelten sich zu Pfingsten in Rahe bei Aurich, um an der Thingstätte „Upstalsboom" Vereinbarungen zu treffen, Recht zu sprechen und die genossenschaftlich organisierte Einheit und Freiheit Frieslands zu beschwören – bis die Häuptlinge für rund ein Jahrhundert die Macht übernahmen, letztendlich aber an der eigenen Machtgier und Zerstrittenheit scheiterten.

Die urigsten Teestuben und Cafés

Wo die Kluntje knistern

Niemand auf der Welt trinkt mehr Tee als die Ostfriesen. In den Cafés und Teestuben im Nordwesten wird vielfach die ostfriesische Tee-Zeremonie praktiziert – der Ostfriesentee wird auf traditionelle Art und Weise mit „Kluntje“ und Sahne serviert. In den urigen und gemütlichen Gaststätten gibt es natürlich auch Kaffeespezialitäten und fast immer leckerste Kuchen und Torten.

6

1 Teetied im Tüdelpott

Ein uriges Stück Ostfriesland findet man in Carolinensiel unweit des Deutschen Sielhafen-Museums. Im „Tüdelpott“ sitzt man in gemütlichem Ambiente in einem alten Kapitänshaus, im Sommer lockt die Terrasse mit Blick auf die Harle. In der kalten Jahreszeit rückt man möglichst nah heran an den wärmenden Kachelofen. Hier genießt man leckere Ostfriesentorte und einen klassischen Ostfriesentee. Wer die Gegend vom Wasser aus erkunden will – der Bootsanlager ist noch nicht mal einen Teebeutel-Weitwurf entfernt …

Café Tüdelpott, Pumphusen 10, Wittmund-Carolinensiel, Tel. 04464 83 49, www.tuedelpott.de

2 Der Name ist Programm

Dornröschen der Nordsee wird Baltrum, die kleinste der Ostfriesischen Inseln, gern genannt. Und wahrlich märchenhaft geht es im Café Kluntje zu. Im ehemaligen Kapitänshaus im Ostdorf zwischen Dünen und Salzwiesen gibt es nicht nur selbst gebackene Kuchenspezialitäten – hier wird in historischem Ambiente auch die ostfriesische Teezeremonie zelebriert. Also heißt es für einen Moment innezuhalten und zu horchen wie der Kandiszucker (Kluntje) im dampfenden Tee zu knistern beginnt.

Café Kluntje, Ostdorf 29, Baltrum, Tel. 04939 4 19, www.kluntje.com

3 Teetrinken im „Tante-Emma-Laden“

Poppinga's Alte Bäckerei in Greetsiel ist Teestube und Heimatmuseum in einem. In dem denkmalgeschützten Haus verkaufte Mareike Poppinga noch bis 1973 Brot und Lebensmittel. Seit 1982 werden die Räumlichkeiten als Teestube genutzt. Dabei wurde möglichst viel von der originalen Einrichtung des kleinen „Tante-Emma-Ladens“ erhalten. Die erstklassigen Ostfriesentees kann man hier nicht nur genießen, sondern auch kaufen.

Poppinga's Alte Bäckerei, Sielstraße 21, Greetsiel, Tel. 04926 13 93, www.poppingas-alte-backerei-greetsiel.de

4 Einfach nur ausgezeichnet

Inmitten der historischen Leeraner Altstadt liegt das „Antik-Café Poppinga“. Nach einem Bummel durch die sehenswerte Stadt an der Leda kann man in gemütlichem Ambiente feinste Torten sowie Tee- und Kaffeespezialitäten genießen. Spezialität im Antik-Café sind jedoch die selbstgemachten Eissorten wie das Bobbes-Eis mit Marzipan oder das Schnäutzchen-Eis mit Keksen und Schokolade. Das renommierte Magazin „Der Feinschmecker“ jedenfalls zählt das Antik-Café zu den besten Cafés in Deutschland.

Antik Cafe Poppinga, Brunnenstraße 27, Leer, Tel. 0491 36 16, www.antik-cafe-leer.de

5 Kaffee und Kuchen bei Häuptlingen

Inmitten des historischen Umfelds der Osterburg zu Groothusen, einem ehemaligen Häuptlingssitz in der Krummhörn, werden im „Burgcafé“ ostfriesische Spezialitäten serviert. Den Besuch im Café sollte man mit einer Besichtigung der mehr als 500 Jahre alten Osterburg verbinden, in die Goldlederne Stube oder die Bibliothek des historischen Ensembles eintauchen, bevor man im Sommer im wunderschönen Park einen Ostfriesentee oder am Sonntagmorgen das Häuptlings-Frühstück genießt.

Burgcafé Osterburg Schatthaus, An der Osterburg 1, Krummhörn, Tel. 04923 80 54 68, www.osterburg-groothusen.de

6 Herrlicher Rhabarberkuchen

Der Rhabarberkuchen des Kurhauses in Dangast ist weit über die Grenzen der Ostfriesischen Halbinsel bekannt. Der Ort, wo diese besondere Leckerei kredenzt wird, ist ein besonderer. Oberhalb des Strandes in einem kleinen Wäldchen liegt das um 1800 erbaute Kurhaus. Hierher zog es einst Künstler wie Karl Schmidt-Rotluff, Franz Radziwill und später auch Joseph Beuys. Bis heute gibt es diese Abende, an denen die Tische beiseite geschoben werden, um für Konzerte oder Lesungen Platz zu schaffen, oder an denen die Terrasse als sommerliches Freiluftkino dient. Längst hat das Gasthaus, das die Familie Tapken seit 1884 und in mittlerweile vierter Generation betreibt, Kultstatus erlangt und ist nicht nur wegen des Kuchens zu empfehlen.

Kurhaus Dangast, An der Rennweide 46, Varel-Dangast, Tel. 04451 44 09, www.kurhausdangast.de

7 Zwischen Idylle und Abenteuer

Landidylle lebt auf Janßens Hof unweit der alten Residenzstadt Rastede. Im urigen Bauernhofcafé werden Kuchen und Torten serviert, im Bio-Hofladen wird rustikales Steinofenbrot, Gemüse und Fleisch verkauft. Auf der Swingolf-Anlage des Hofs können auch „Rookies" ihrer Golfleidenschaft frönen, ganz ohne die bisweilen lästige Golf-Etikette. Und die Abenteuergolf-Anlage verbindet einen minigolfartigen Hindernisparcour mit der Weite ostfriesischen Landlebens.

Janßens Hof, Pantinen-weg 4, Rastede, Tel. 04402 8 38 70, www.janssen-hof.de

8 „Meerblick" inklusive

Im „Cafe Seerose" sitzt man in der ersten Reihe, ruht aus bei Kaffee und Kuchen und alles inklusive Meerblick. Auf Wellenrauschen muss man allerdings verzichten, liegt das Café doch nicht an der Nordsee sondern am Ufer des Zwischenahner Meeres. Während man im Schatten uralter Eichen die Spezialitäten wie Buchweizentorten genießt, kann man mit ein wenig Glück Kormorane oder Reiher über dem See beobachten. Ein idealer Zwischenstopp, liegt das „Café Seerose" doch direkt am Rad- und Wanderweg.

Cafe Seerose, Dreiberger Straße 1, Bad Zwischenahn, Tel. 04403 87 87, www.seerose.de.vu

9 Hier wird noch selbst gemahlen

Vor über 150 Jahren wurde die Rutteler Mühle unweit des Neuenburger Urwalds erbaut, und noch heute drehen sich gelegentlich die Flügel des Galerie-Holländers im Wind. Ein Besuch lohnt aber vor allem wegen des urgemütlichen Mühlen-Cafés. Das Mehl der selbst gebackenen Kuchen- und Waffelspezialitäten wird vor Ort in der Rutteler Mühle gemahlen. Und jeden Sonntag wird in dem vielleicht schönsten Mühlen-Café der ostfriesischen Halbinsel ein Frühstücks-Buffet angeboten.

Rutteler Mühle, Friedeburger Straße 2, Zetel-Ruttel, Tel. 04452 3 33, www.rutteler-muehle.de

Maßstab 1:200.000
0
2
4km
Norderney
NORDERNEY
Nordstrand
Möwendüne
Baltrum
Langeoog
Steinplate
Neiderplate
Ruteplate
Juist
Nationalpark
Niedersächsisches
Wattenmeer
Schutzzone I
Hohes Riff
Itzendorf-
plate
Koper-
sand
Hamburger Sand
Schweinsrücken
Leybucht
Leysand
Greetsieler
Nacken
Pilsumer
Greetsiel
Krummhörn
NORDEN
Hage
Großheide
Berumbur
Dornum
Westerholt
Neuschoo
Osteel
Brookmerland
Marienhafe
Upgant-Schott
Südbrookmerland
AURICH
Ihlow
Hinte
EMDEN
Moormerland
Ems
Dollard
Geise
Heringsplaat
Jemgum
Wirdum
Pewsum
Rechtsupweg
Halbemond
Leezdorf
Victorbur
Moordorf
Riepe
Oldersum
Warsingsfehn
Neermoor
Mittegroßefehn
Südmoor
Blomberg
Ochtersum
Utarp
Schweindorf
Dornumersiel
Westeraccum
Neßmersiel
Ostermarscher Watt
Wichter Ee
Spaniergat
Riffgat
Busetief
Brander-
plate
Manslagter
Nacken
Campen
Upleward
Loquard
Rysum
Larrelt
Petkum
Borssum
Ditzum
Pogum
Termunten
Woldendorp

Kultur und Krabben satt

Lange Zeit war Ostfrieslands Westen mehr durch seine Arbeitslosenzahlen bekannt als durch seine vielfältigen Qualitäten, die er zweifellos aufzuweisen hat. Die Bandbreite reicht von der Emder Kunsthalle mit Weltrang über filmbekannte Leuchttürme bis zur Krabbenkutter-Romantik in Greetsiel oder kleinem Heuler-Glück in Norddeich.

❶ Emden

Maritimes Flair bietet die am Dollart gelegene Seehafenstadt Emden, bekannt als bedeutender Autoimport- und -exportplatz. Mit rund 50 000 Einw. ist sie nicht nur die größte Stadt Ostfrieslands, sondern auch das kulturelle und wirtschaftliche Zentrum der Region. Bereits um 800 n. Chr. als friesische Handelssiedlung gegründet, wurden weite Teile der historischen Altstadt im Zweiten Weltkrieg zerstört. Über die Grenzen Ostfrieslands hinaus ist die Kunsthalle bekannt, von überregionaler Bedeutung für die Wissenschaft ist die Johannes-a-Lasco-Bibliothek in der Großen Kirche. Größter Arbeitgeber Emdens ist das Volkswagen-Werk, in dem das Modell „Passat" gebaut wird.

Emder Kunsthalle am Stadtgraben (links). Hinter dem Museum Feuerschiff erhebt sich das alte Rathaus mit dem Landesmuseum (rechts)

SEHENSWERT

Das Emder **Rathaus** am Ratsdelft aus dem späten 16. Jh. war dem Antwerpens nachempfunden. Bei Bombardements 1944 fast vollständig zerstört, wurde es wieder aufgebaut und 1962 wiedereröffnet. Über dem Eingang ist der Wahlspruch der Emder zu lesen: „Concordia res parvae crescunt" – „Durch Eintracht wachsen kleine Dinge". Heute beherbergt es das Ostfriesische Landesmuseum. In der Pelzerstraße stehen mit den **Pelzerhäusern** die einzigen erhaltenen Renaissance-Bürgerhäuser aus dem 16. Jh. (Nr. 11 und 12; Außenstellen des Landesmuseums). Auf dem Emder Hafentor aus dem frühen 17. Jh. findet sich der Sinnspruch: „Et pons est Embdae et portus et aura deus" – „Gott ist für Emden Brücke, Hafen und (Segel-)Wind".

MUSEEN

In der Emder **Kunsthalle** TOPZIEL, gestiftet vom „Stern"-Gründer Henri Nannen und seiner Frau Eske, sind überwiegend Kunstwerke der Klassischen Moderne (Hinter dem Rahmen 13, Tel. 04921 9 75 00, www.kunsthalle-emden.de; Di.–Fr. 10.00–17.00, Sa. und So. 11.00 bis 17.00 Uhr) ausgestellt. Das **Ostfriesische Landesmuseum** beherbergt neben der größten stadteigenen Waffensammlung in Deutschland u. a. eine Gemäldesammlung (Brückstraße 1, Tel. 04921 87 20 58, www.landesmuseum-emden.de; Di.–So. 10.00–18.00 Uhr).

Ein Ottifant ziert **Dat Otto Huus** in der Großen Straße 1, in dem die Karriere des ostfriesischen „Blödelbarden" nachzvollziehen ist, vor allem aber Otto-Devotionalien zu haben sind (Tel. 04921 2 21 21; Mo.–Fr. 9.30–18.00, Sa. 9.30–14.00, April–Okt. auch So. 10.00–16.00 Uhr). Der Geschichte des Nationalsozialismus, der Kriegszeit und des Wiederaufbaus der Stadt, widmet sich das **Bunkermuseum** (Holzsägerstraße, Tel. 04921 3 22 25, www.bunkermuseum.de; Mai–Nov. Di.–So. 10.00–13.00 und Di.–Fr. 15.00–17.00 Uhr).
Auf dem ehem. **Feuerschiff „Amrumbank/ Deutsche Bucht"** ist ein Schifffahrtsmuseum untergebracht (Tel. 04921 2 32 85, www.amrumbank.de; April–Okt. Mo.–Fr. 11.00–16.00, Sa., So. und Fei. 11.00–13.00 Uhr).

VERANSTALTUNGEN

Bei den traditionellen **Matjestagen** (Anf. Mai) dreht sich alles um die kleinen und schmackhaften Fische (www.matjestage.de). Seit 1990 findet im Mai/Juni das **Filmfest Emden** statt (www.filmfest-emden.de).

Das VW-Werk Emden bietet Mo.–Fr. **Werksführungen** an (Tel. 04921 86 23 90, www.volkswagen.de/de/erleben/Werkbesichtigung/emden.html).

UMGEBUNG

Sehenswert ist die vierflügelige, urspr. gotische Wasserburg Hinta in **Hinte** (nordw.), Ende des 15. Jh. von Friesenhäuptlingen errichtet (Osterhuser Straße, Tel. 04423 13 72; Privatbesitz).

INFORMATION

Tourist-Information Emden, Bahnhofplatz 11, 26721 Emden, Tel. 04921 9 74 00, www.emden-touristik.de

❷ Greetsiel

Das malerische Fischerdorf an der Leybucht ist die Perle der Region. Hauptattraktion Greetsiels sind die Krabbenkutter, die von hier aus in

See stechen. 1388 wurde die Siedlung erstmals erwähnt, gegründet wurde der Ort (1500 Einw.) von der Häuptlingsdynastie Cirksena im 14. Jh. Seit 1991, mit der Fertigstellung des Leybuchthörns und der dazu gehörigen Schleuse, ist der Hafen Greetsiels tideunabhängig zu erreichen.

SEHENSWERT

Der **Ort** TOPZIEL ist mit seinen gut erhaltenen **Häusern** aus dem 17. und 18. Jh. eine Art Gesamtkunstwerk. Es lässt sich wunderbar durch die mit roten Klinkern gepflasterten Sträßchen flanieren, zumal der Ort weitgehend autofrei ist. Besonders sehenswert ist die Häuserzeile mit glockenartigen Giebeln an der Sielstraße. Als Wahrzeichen gelten die **Zwillingsmühlen** am Sieltief; im Mühlenladen gibt es frisches Brot zu kaufen, im Café im Kornspeicher leckeren Kuchen (Tel. 04926 92 65 30, www.zwillingsmuehlen.de; Mühlenbesichtigung April–Okt. Mi. und Sa. 14.00 Uhr sowie n. Vereinb.). **Poppinga's Alte Bäckerei** in der Sielstraße 21 ist Museum, Galerie und Café in einem; bis 1973 wurde hier Brot gebacken. Heute lässt es sich dort gemütlich bei einer Tasse Ostfriesentee plauschen, inmitten eines Ambientes aus dem 19. Jh. (Tel. 04926 13 93, www.poppingas-alte-backerei-greetsiel.de).

MUSEEN

Im **Ostfriesischen Landwirtschaftsmuseum Campen** (14 km südl.) werden in zwei denkmalgeschützten sogenannten Gulfhöfen landwirtschaftliche Geräte ausgestellt (Krummhörner Straße, Tel. 04927 93 95 23 oder 04927 8 05 99 50, www.olmc.de; Mai–Okt. Di.–Fr. und Fei. 10.00–17.00, Sa. und So. 10.00 bis 13.00 Uhr). Im Pewsumer **Heimatmuseum** auf der Manningaburg (15. und 16. Jh.) lässt sich

Da wird einem anders: Flutmarken in Greetsiel (rechts oben). Detailreich zeigt sich Nordens Haus Schöningh (rechts unten)

u. a. ostfriesischen Häuptlings-Dynastien nachspüren (Manningastraße; Di. und Do. 10.00 bis 12.30 und Sa. und So. 15.00–17.00 Uhr).

Tipp

Krummhörner Kirchturm-Tour

Seit 2013 gibt es für Radler die Krummhörner Kirchturm-Tour. Bei dem Event Anf. Sept., einem Gemeinschaftsprojekt der Greetsieler Touristiker, der Kirchengemeinden und des Krummhörner Orgelfrühlings, erlebt man auf einem 65 km langen Rundkurs die Sehenswürdigkeiten der 19 Krummhörner Dörfer. Gastgeber und Anlaufpunkte sind die insgesamt 23 Kirchengemeinden, die an jeder Station einen Stempel an die Teilnehmer verteilen. Wer alle Stempel eingesammelt hat, erhält am Ende der sportlichen Kultur-Tour eine Urkunde. Abgerundet wird die Veranstaltung mit einem Open-Air-Konzert auf dem Dorfplatz des Start- und Zielortes Jennelt.

Informationen und Kartenmaterial unter www.greetsiel.de

VERANSTALTUNGEN

Der **Krummhörner Orgelfrühling** ist einer der kulturellen Höhepunkte der Region; international renommierte Künstler verzaubern mit ihrem Spiel auf historischen Orgeln. Ende Juli/Anf. Aug. bleibt kein Auge trocken und kein Kleidungsstück sauber, wenn die **Schlickschlittenmeisterschaften** ausgetragen werden. Sommerlicher Höhepunkt ist jedoch der **Krabbenkutter-Korso,** bei dem die Greetsieler Fischer „Landratten" mit an Bord nehmen und mit ihren bunt geschmückten Schiffen auf Fahrt gehen (Anmeldung bei der Touristik Gesellschaft Krummhörn, Tel. 04926 91 88 0). Heimelig wird es am zweiten und dritten Adventswochenende beim **Greetsieler Weihnachtsmarkt;** der Weihnachtsmann kommt nicht etwa mit einer Kutsche, sondern mit dem Krabbenkutter!

HOTEL UND RESTAURANTS

Mitten im Ortskern gelegen, bietet das € € / € **Hotel Hohe Haus** seinen Gästen behaglichen Komfort in historischem Ambiente (Hohe Straße 1, 26736 Greetsiel, Tel. 04926 18 10, www.hoheshaus.de).
Unter den zahlreichen Restaurants in Greetsiel genießt das € € € / € € **Witthus** den besten Ruf (Kattrepel 5–9, Tel. 04926 9 20 00, www.witthus.de). Die € € **Alte Brauerei** in Pilsum wurde beim Bundeswettbewerb „Historische Wirtshäuser" ausgezeichnet und ist Mitglied im Verbund „Wattengenuss" und im Verbund „Ostfriesland Kulinarisch" (An der Alten Brauerei 2, Tel. 04926 91 29 15, www.alte-brauerei-pilsum.de).

UMGEBUNG

Rysum ist das wohl schönste Warfendorf der Region. Im beschaulichen Ortskern erhebt sich die Kirche mit der ältesten bespielbaren Orgel Nordeuropas von 1457 (Turmstraße 1, Tel. 04927 2 67). In der renovierten Mühle können Gruppen bis zu 16 Personen übernachten. (Denkmalstraße 5, Tel. 04927 4 24).
Zwei sehr unterschiedliche Leuchttürme sind in der Krummhörn zu finden. Auf dem über 65 m hohen **Campener Leuchtturm** (1889) können Kinder ihr „Leuchtturmwärter-Diplom" machen (Informationen bei der Touristik Gesellschaft Greetsiel). Im **Pilsumer Leuchtturm** (11 m, 1891) kann man sich trauen lassen (Information bei den zuständigen Standesbeamten Wolfgang Swyter, Tel. 04923 91 61 54, bzw. Hannelore Jürgler, Tel. 04923 91 61 58).

INFORMATION

Touristik-Gesellschaft Krummhörn-Greetsiel, Zur Hauener Hooge 11, 26736 Greetsiel, Tel. 04926 9 18 80, www.greetsiel.de

3 Norden

Im äußersten Nordwesten liegt Ostfrieslands älteste Stadt. 1255 wurde Norden (25 000 Einw.) erstmals erwähnt. Zusammen mit Norddeich bildet Norden das „Grüne Tor zur Nordsee". Während die „Nörder" auf Kultur und Geschichte setzen, hat sich Norddeich dem Erlebnisurlaub verschrieben. Von der Küstenfunkstelle Norddeich Radio wurden von 1905 bis 1995 die Schiffe auf den Weltmeeren mit Informationen aus der Heimat versorgt.

SEHENSWERT

Auf dem Marktplatz Nordens überragt die im 13. Jh. erbaute **Ludgerikirche** alle anderen Bauwerke (Am Markt 66, Tel. 04931 1 89 70, www.norden-ludgeri.de); ihr Prunkstück ist die Orgel des berühmten Orgelbaumeisters Arp Schnitger vom Ende des 17. Jh. Einen Steinwurf von der Kirche entfernt stehen die **Dree Süsters** („Drei Schwestern"), ein Backstein-Renaissance-Gebäudeensemble aus dem frühen 18. Jh. Ein Schmuckstück ist das reich verzierte **Haus Schöningh** (Osterstraße 5), ein Renaissancebau aus dem späten 16. Jh. Wahrzeichen der Stadt ist die voll funktionsfähige **Deichmühle** am alten Hafen (Bahnhofstraße 1a, Tel. 04931 1 23 39, www.deichmuehle.de; Di. bis Fr. 15.00–17.00 Uhr).

MUSEEN
Das **Ostfriesische Teemuseum** bietet Besuchern einen Einblick in die Welt des Tees (Am Markt 36, Tel. 04931 1 21 00, www.tee museum. de; Mai–Okt. Mo.–So. 10.00–17.00, Nov.–Febr. Mi. und Sa. 11.00–16.00, März und April Di.–So. 10.00–17.00 Uhr; Mo., Mi. und Sa. 14.00 Uhr traditionelle ostfriesische Teezeremonie); angegliedert ist das **Norder Volkskundemuseum.** In direkter Nachbarschaft beherbergt Nordens ältestes Haus (1540) das **TeeMuseum,** das die Bedeutung des Tees für alle Kulturen – insbesondere für die höfische des 18. und 19. Jh. – und Zeiten widerspiegelt (Am Markt 33, Tel. 04931 1 38 00, www.tee museum-norden.de; Ostern–Okt. Di.–So. 12.00 bis 17.00, Führungen Di.–So. 14.00 Uhr). Das **Funktechnische Museum** informiert über die legendäre Küstenfunkstelle Norddeich Radio und den Seefunk im Allgemeinen (Doornkaatlohe 13, Tel. 04931 1 25 19; So. 11.00–13.00 Uhr).

AKTIVITÄTEN
Das **Ocean-Wave** in Norddeich bietet Wasserratten auch bei kühlen Nordseetemperaturen Badespaß. Ruhebedürftige finden zudem Entspannung in der großen Saunalandschaft (Dörper Weg 22, Tel. 04931 98 63 00, www. ocean-wave.de; Erlebnisbad Mo.–Fr. 10.00 bis 21.00, Sa. und So. 10.00–20.00 Uhr, Sauna Mo. bis Fr. 10.00–22.00, So. und So. 10.00–21.00 Uhr, Mi. Damensauna).

ERLEBEN
Die **Seehund-Aufzuchtstation** TOPZIEL in Norddeich nimmt sich verwaister Seehunde und Kegelrobben an und päppelt sie auf (Dörper Weg 22, Tel. 04931 89 19, www.seehund station-norddeich.de; tgl. 10.00–17.00 Uhr). Infotainment rund um die riesigen Meeressäuger bietet das angegliederte **Waloseum** (Osterlooger Weg 3, Tel. 04931 89 19; März–Nov. tgl. 10.00–17.00, 26. Dez. bis 6. Jan. tgl. 10.00 bis 17.00 Uhr).

VERANSTALTUNGEN
Mit der **Museumseisenbahn Küstenbahn Ostfriesland** (MKO) können Fahrten von Norden nach Dornum unternommen werden (www.mkoev.de). Im Frühsommer steigt am Strand das **Norddeicher Drachenfest** (Tel. 04931 98 62 26). Alle drei Jahre (wieder 2017) feiert Marienhafe bei den **Freilichtspielen** ihren berühmt-berüchtigten Seeräuber (www. stoertebeker-freilichtspiele.de).

UMGEBUNG
Überwältigend ist der Anblick der St.-Marien-Kirche in **Marienhafe** (1230–1270), bis zu ihrem Rückbau um 1830 größte Kirche Ostfrieslands. Heute beherbergt der „Störtebeker-Turm" ein Museum (Tel. 04934 8 12 24; April bis Sept. Di.–Sa. 10.00–12.00 und 14.00–17.00, So. 14.00–17.00 Uhr).

INFORMATION
Tourist-Information Norden/Norddeich, Dörper Weg 22, 26506 Norddeich, Tel. 04931 98 62 00, www.norddeich.de

Genießen Erleben Erfahren

DuMont Aktiv

Schlammschlacht im Watt

Eines gleich vorweg: Wer Angst hat, sich schmutzig zu machen, sollte lieber Abstand davon nehmen, aktiv am Schlickschlittenrennen „Wältmeisterschaft" teilzunehmen. Es ist eine einzige Schlammschlacht, die sich die Athleten auf den Holzschlitten am Uplewarder Trockenstrand liefern. Bis zu den Knien versinken die tapferen Piloten sowieso im Watt. Aber wehe, sie havarieren bei ihrer Hatz durch die schwarze Pampe. Na ja, soll ja gesund sein, so eine Schlickpackung ...

Der „Karneval im Watt" lockt jedes Jahr einige tapfere Aktive und Tausende von Zuschauern an den Deich. Die Fans können das Spektakel zwar trockenen Fußes erleben, doch zumeist bleibt kein Auge trocken, wenn die kostümierten Dreier-Teams versuchen, sich zu übertreffen. Die Technik erinnert ans Rollerfahren: Ein Knie oder Bein auf dem Schlitten, mit dem anderen wird „Gas gegeben". Sieht einfach aus, erfordert aber Koordination, Kraft und Ausdauer.

Die Veranstaltung steht in der Tradition der Fischer, die einst ins Watt schlidderten, um ihre Reusen zu leeren. Und so kommt es auch nicht nur darauf an, wer der Schnellste ist. Der Dreikampf besteht aus Sprint, Staffellauf und Reusenlauf. Dabei ist Geschicklichkeit gefragt, denn die Reusen sind nicht nur zu leeren, deren Inhalt soll auch möglichst komplett an den Strand gebracht werden. Für die Zuschauer wird es heikel, wenn die Heroen die Glückwünsche ihrer Liebsten entgegennehmen wollen. Aber zum Glück gibt es am Uplewarder Strand genug Duschen ...

Weitere Informationen

Anmelden für das Schlickschlittenrennen kann man sich bei der Touristik-Gesellschaft Krummhörn-Greetsiel in Greetsiel bei Heinrich Heinenberg unter Tel. 04926 91 88 19 oder heinrich.heinenberg@greetsiel.de. Weitere Wettbewerbe während der Ostfriesischen Wattspiele sind Wattfußball und Aal-Sprint-Staffellauf; zudem wird der spektakulärste Schlickschlitten prämiert.
Ein buntes Rahmenprogramm mit Live-Musik rundet den „Karneval im Watt" ab.

Wohlfühloasen im Wattenmeer

Hochseeklima und archaische Rituale auf Borkum, Thalasso und ein Hauch von High-Society auf Norderney – dem ältesten Seebad an der Nordseeküste. Natur pur auf dem „Töwerland“ Juist, nicht viel mehr als eine Sandbank im Meer. Unterschiedlich präsentieren sich die drei Inseln im Westen vor Ostfrieslands Küsten. Was sie eint, ist die herrliche Dünenlandschaft, endlos wirkende Sandstrände, frische Seeluft und die exponierte Lage mitten im Wattenmeer, einem einzigartigen Refugium seltener Tier- und Pflanzenarten.

Einen phantastischen Blick über die Weiten des Meeres bietet die Kuppelbar, die das Juister Kurhaus krönt

Borkums Leuchtturm überragt auch die Kirchen der Insel. Er bleibt auf der Promenade und überall am Strand im Blick

Borkums Strandpavillon krönt die Promenade und überragt den Strand mit den inseltypischen Zelten und Körben

„Von einer Düne sieht man weit – das Meer ist voller Flüssigkeit."

Wilhelm Busch auf Borkum

An 364 Tagen im Jahr ist Borkum eine ganz normale Nordseeinsel, sind die Borkumer ganz normale Insulaner. Normal, das sollte man nicht missverstehen, schließlich bietet das Eiland ein phantastisches Klima, eine herrliche Dünenlandschaft, tolle Strände und herzliche Gastgeber. Einen Tag im Jahr allerdings drehen sie durch, die Borkumer. In der Nacht zum 6. Dezember wird hier der sagenumwobene Klaasohm zelebriert.

Dabei ziehen sechs junge Männer zusammen mit dem „Wiefke", einem als Frau verkleideten jungen Burschen, über die Insel. Wer die Ehre hat, die Klaase zu geben, wird bei geheimnisvollen Kämpfen am frühen Abend entschieden, hinter Schweinskopfmasken bleiben sie für den Rest des Abends unerkannt. „Bewaffnet" sind sie mit einem großen geschwungenen Kuhhorn, das vorwiegend dazu benötigt wird, jungen Damen den Hintern zu versohlen. Und zwar dermaßen heftig, dass nicht selten Tränen fließen. Mütter und deren Kinder hingegen werden mit Moppe versorgt, einem klebrigen Lebkuchengebäck, und sogar gestreichelt.

So ganz ist nicht geklärt, worauf dieser Brauch zurückgeht. Mit dem christlichen Nikolausfest hat es etwas zu tun, gleichzeitig mischt sich wohl archaisches Geisteraustreiben in das Spektakel, das anderen Quellen zufolge in der Walfängerzeit entstanden sei. Kehrten die Männer von der langen Fangreise zurück, mussten sie zunächst ihre Position und Macht in den Familien wiederherstellen.

Begleitet werden die Klaase auf ihrem Zug durch die Gemeinde von zahlreichen Schaulustigen, vor allem aber von einem infernalischen Lärm aus Hörnern, Trommeln und den mit Dosendeckeln bestückten „Düwelsgeigen". Einige Stunden geht das Treiben, sie ziehen von Kneipe zu Kneipe, tanzen auf Tischen und Bänken, ehe der Spuk in der Westerstraße mit derwischartigen Tänzen und großem Gejohle der Menge zu seinem Ende kommt. Dann plätschern die Wellen wieder an den Strand, als wäre nichts gewesen, pfeift der Wind sein gewohntes Lied. 364 Tage lang ist Borkum nun wieder eine ganz normale Insel in der Nordsee – bis zum nächsten Klaasohm.

Janusgesichtiges Norderney

Norderney ist das älteste Seebad an der Nordseeküste, von der geologischen Entstehungsgeschichte her jedoch der Youngster unter den Ostfriesischen Inseln. Das Eiland bewältigt heute höchst erfolgreich den Spagat zwischen

Surfen ist fester Bestandteil
von Norderneys „White Sands Festival"

Norderneys Strandpromenade wird von
Wellness- und Genussangeboten gesäumt

Wer hätte erwartet, dass Norderney einen eigenen Maibaum aufstellt?

Norderneys „Café Marienhöhe" hat Tradition. Hier speiste und dichtete schon Heinrich Heine

Inselgruss

Special

He! statt Moin!

Ob morgens früh beim Bäcker oder gen Mitternacht beim Absacker an der Bar – die Ostfriesen schmettern sich ein herzhaftes „Moin" entgegen.

Eine Ausnahme machen die Norderneyer. Dort lautet die gängige Grußformel „He!", in der Schriftform gern mit einem Ausrufezeichen versehen. Traditionalisten beklagen allerdings, dass das „He!" vom Aussterben bedroht ist. Hundertprozentig geklärt ist nicht, wie und wann der Gruß entstanden ist. Einiges deutet darauf hin, dass es sich von „Ahoi" ableitet. Jedenfalls ist das „He!" den Norderneyern heilig. Sogar Schlager sind darüber geschrieben worden („Ein echter Insulaner sagt nur He!"). Gästen sei allerdings eher geraten, mit „Moin" zu grüßen – „He!" ist Einheimischen vorbehalten.

Tradition und gnadenlosem Tourismustrubel. Am altehrwürdigen Conversationshaus lauschen sittsam gekleidete Gäste älteren Semesters dem Kurkonzert. Dort wo einst Clara Schumann für gekrönte Häupter Klavierkonzerte gab, erklingen auch heute noch moderate, klassische Töne. Einen Steinwurf entfernt wummern des Nachts House- und Techno-Bässe. Sittsam gekleidet ist kaum jemand, wenn beispielsweise das „White Sands Festival" zelebriert wird. Ein Event, dass Beachvolleyball, Windsurfen und Party kombiniert. Norderney ist fraglos auch die Sportlichste unter den Ostfriesischen Inseln.

Die Insel ist die mondäne Vornehme – einst urlaubten hier Staatsmänner und Dichterfürsten –, aber auch so etwas wie der „Ballermannn" im Wattenmeer. Während auf anderen Inseln morgens um 5 Uhr die Vogelkundler aus den Federn kriechen, wanken sie auf Norderney um diese Uhrzeit aus der legendären Diskothek „Bachstage". Auf Norderney sitzt man in edlem Ambiente und Kerzenlicht beim Diner, hier steht man aber ebenso an der Bude beim Döner. Kegelklubs promenieren am Strand einträchtig mit Promis, die seit einigen Jahren wieder verstärkt die Insel besuchen. Urlauben und urlauben lassen, so könnte auch das Motto Norderneys heißen.

Mit Brad Pitt nach Juist

Für einen Kinobesuch hat Jan-Lüppen Brunzema nur selten Zeit. Das ist allerdings nicht weiter tragisch, denn die meiste Zeit des Tages hat er sowieso sein eigenes Filmprogramm: die Ostfriesischen Inseln aus der Vogelperspektive, phantastische Ausblicke über das sich von Minute zu Minute verändernde Wattenmeer. Brunzema ist Chef der „Inselflieger". Seine Maschinen steuern die Flugplätze von Borkum, Juist oder Norderney an. Kino spielt dennoch eine große Rolle im Leben des passionierten Fliegers. Brad Pitt und Angelina Jolie gehören quasi zu den Stammgästen in seiner Cessna 172. Dreimal pro Woche liefert Brunzema die Rollen aktueller Kinofilme auf die Ostfriesischen Inseln.

Seit die Touristen vermehrt nach aktuellen „Blockbustern" verlangen, mussten sich die Inselkinos einiges einfallen lassen. Schließlich sind Filmverleiher nicht gerade spendabel, wenn keine langen Laufzeiten garantiert werden. Also schlossen sich diverse Kinos an der Nordseeküste zusammen und tauschen seitdem die Filmrollen nach ausgeklügeltem System. Logistisch war das, unter anderem wegen der Tide, nur mit dem Flieger möglich. So knattert Brunzema mit seiner Propellermaschine von Insel zu Insel. Die Filme gehen von

Norderneys Kurplatz vor dem „Inselhotel König" ist seit bald 140 Jahren Treffpunkt und Flaniermeile

Zum „White Sands Festival"
gehört die Party im Haus der Insel

Die kleine Strandstraße ist Norderneys Einkaufsmeile

Auf Norderney bleiben nur wenige Wünsche unerfüllt – wer allerdings Ruhe sucht, sollte in Richtung Dünen ziehen.

Aus den Dünen erhebt sich das kuppelgekrönte Kurhaus: Strand von Juist

Wie wäre es mit einer leckeren Waffel
im „Lütje Teehus"?

Juist, die „schönste Sandbank der Welt", gewinnt seine Besucher durch Natürlichkeit

Glamour ist auf Juist nur in Spurenelementen zu entdecken.

Harald Braun auf stern.de

Borkum nach Juist, weiter nach Wangerooge und schließlich in die kleinen Kinos Nordfrieslands. „Nach 14 Tagen ist dann wieder Borkum dran. Aber das macht nichts", sagt Brunzema, „denn dann sind überwiegend neue Feriengäste auf der Insel."

Wenn der enge Flugplan durch widrige Wetterbedingungen beispielsweise aus dem Zeitrahmen gerät, kann es schon mal sein, dass Brunzema dem Kutscher auf den Inseln „just in time", wie er sagt, die Rollen in die Hand drückt und der im Galopp mit ihnen ins Kino hetzt. Äußerst selten ist es vorgekommen, dass die Kinobesucher ein paar Minuten warten mussten. Aber immer noch besser als wieder Heinz Rühmann als „Quax der Bruchpilot" ...

Leibhaftige Passagiere befördern Brunzema und seine „Inselflieger" natürlich auch, im Sommer überwiegend gut situierte Urlauber oder solche, die die Fähre verpasst haben. Im Winterhalbjahr eher Handwerker, Geschäftsleute und Insulaner, die rechtzeitig zu Weihnachten bei den Lieben unterm Tannenbaum sitzen möchten. Außerdem alles, was es eilig hat: Medikamente, die aktuelle Tagespresse und Frischfisch. Und manchmal gar Seehundbabys, die in der Nordsee in Not geraten sind und in der Seehundaufzuchtstation in Norddeich wieder aufgepäppelt werden müssen.

KUREN AN DER OSTFRIESISCHEN NORDSEEKÜSTE

Schick mit Schlick

„Thalasso macht schön." Mit diesem Slogan wirbt das „Badehaus" auf Norderney am altehrwürdigen Kurplatz. Vom Plakat an der Bauhaus-Fassade strahlen Badenixen längst vergangener Zeiten auf Besucher herab. Die Damen in den züchtigen Schwimmanzügen stehen auch für die Tradition des ältesten Seebades an der Nordseeküste.

Bereits 1797 kurten auf Norderney die ersten Gäste, 1931 wurde hier das erste Meerwasserschwimmbad Europas eröffnet. Die Botschaft der schmucken „Deerns“ auf dem Banner jedenfalls kommt an – das „Badehaus“ auf Norderney „brummt“.

Vor allem, weil Thalasso nicht nur schön macht, sondern auch Heilung oder zumindest Linderung bei diversen Krankheiten und Allergien verspricht. Thalasso leitet sich von Thalassa ab, dem griechischen Begriff für Meer. Es beinhaltet die Behandlung mit Meerwasser, Algen, Schlick und Salz, aber auch mit frischer Meerluft und Sonne. Als „Erfinder“ gilt der britische Arzt Richard Russell, der bereits 1750 die heilende Wirkung der Meeresprodukte hervorhob, vorzugsweise bei Atemwegserkrankungen, bei Neurodermitis, bei diversen Hautirritationen sowie bei rheumatischen Leiden.

Nicht zu vergessen der Wellness-Aspekt, von dem Norderneys Kurdirektor Wilhelm Loth sagt: „Das ist nicht mehr nur ein Trend, das ist ein Grundbedürfnis der Menschen heutzutage.“ Für Loth ist der Erfolg des „Badehauses“ auf Norderney vor allem mit der Authentizität der Einrichtung zu erklären. Es werden fast ausschließlich regionale Produkte verwendet: Der Schlick kommt aus dem Wattenmeer vor der Haustür, das frische Meerwasser wird direkt aus der Nordsee in die Wohlfühl-Oase gepumpt, lediglich die Algen würden aus Frankreich importiert. Einiges, so Loth, tummele sich inzwischen unter dem Begriff „Thalasso“ in der immer noch boomenden Wellness-Landschaft. „Aber Thalasso in München?“ Er schüttelt leicht, aber doch bestimmt den Kopf. „Wir veranstalten doch auch kein Alpenglühen im Dünental!“

Ein weiterer Slogan des „Badehauses“ lautet: „Leben Sie die Kraft des Meeres“. Thalasso beginne eigentlich schon auf der Fährfahrt hinüber zu den Ostfriesischen Inseln, sagt der Kurdirektor. Obwohl er in seinem Büro im Rathaus sitzt, atmet er tief ein, als wollte er seine Behauptung unterstreichen. „Dass, was der Gast auf der Insel erlebt, soll sich auch im „Badehaus“ widerspiegeln und fortgeführt werden“, erläutert Loth. Dort dann unter der Obhut ausgebildeter Bademeister, Masseure und Therapeuten.

Natürlich kann sich jeder Nordsee-Urlauber auch selbst am Strand mit dem heilenden Schlick einreiben. Wohlfühleffekt und Heilungsfaktor im „Badehaus“ dürften jedoch um ein Vielfaches höher liegen. Dort wird der erwärmte Schlick hauchdünn und sanft auf die Haut aufgetragen. Durchatmen ist angesagt. Man fühlt sich wie im siebten Himmel in einer

Heilschlick aus der Nordsee ist äußerst fein – und wirksam

Das „Badehaus“ verspricht Wellness

Eintreten und alles andere hinter sich lassen – damit wirbt die Wellnessbranche.

Hier bleibt Hektik draußen: SPA-Bereich im Norderneyer „Badehaus"

Art Schwerelosigkeit. „Wunderbar", schwärmt Wilhelm Loth, „da schwimmt man wie ein Milky Way in der Milch."

Auch die Insulaner sind nach anfänglicher Skepsis mittlerweile stolz auf das „Badehaus". Eine puristisch anmutende Architektur, die ganz auf natürliche Baustoffe setzt, ein sanftes und wohldosiertes Licht sowie eine nahezu perfekte Akustik fügen sich zu einem stimmigen Ensemble zusammen. So kommen inzwischen Gäste auch gezielt wegen des Thalasso-Angebots auf die Ostfriesischen Inseln. „Das ‚Badehaus' sorgt auf Norderney ganz deutlich für eine Saisonbelebung in der Vor- und Nachsaison", sagt Kurdirektor Loth. Einziger Wermutstropfen dabei: Die Gäste müssen hier ohne Blick aufs Meer auskommen, sondern sich überwiegend mit dem über die Dächer Norderneys begnügen. Lediglich von der Sauna oben auf dem Dach des „Badehauses" erhascht man einen ziemlich knappen Blick auf die Nordsee.

Norderney ist Vorreiter, doch auch die anderen Inseln schlafen nicht, ziehen nach und bieten mittlerweile vielfältige Thalasso-Anwendungen wie Meerwasser-Sprudelbäder, Meeresalgenpackungen, Muschelkalkanwendungen oder Meerwasserdampfbäder. „Thalasso hat ein Zuhause", behauptet die Arbeitsgemeinschaft Deutscher Seebäder. Und das liege zweifelsohne auch vor der Küste Ostfrieslands. Andere, die eher auf den kosmetischen Effekt setzen, werben mit dem kurzen, aber prägnanten Motto: „Schick mit Schlick!"

Hinweise

Bereits nach wenigen Minuten setzt bei den meisten Thalasso-Behandlungen der Wohlfühlfaktor ein. Um schwerwiegendere gesundheitliche Probleme zu lindern, werden jedoch Kuren von mindestens einer Woche empfohlen.
Menschen, die an Schilddrüsenüberfunktion oder Bluthochdruck leiden, Krebspatienten und Schwangere sollten Thalasso-Anwendungen nur nach Rücksprache mit ihrem behandelnden Arzt wahrnehmen.
Das „Badehaus Norderney" ist aufgeteilt in eine Wasserebene und eine Feuerebene mit verschiedenen Saunen und Dampfbädern. Während es dort höchst entspannt zugeht, ist im Familien-Thalassobad mit dem Wellenbad, dem Matschspielplatz und der Wattwurmrutsche Action für Jung und Alt angesagt (Am Kurplatz, Tel. 04932 89 14 00, www.badehaus-norderney.de; tgl. 9.30–21.30 Uhr).

In der Floating-Muschel des „Gezeitenlands" auf Borkum schwebt man in 26-prozentiger Sole ohne eigene Anstrengung auf der Wasseroberfläche

Maßstab 1:200.000
0
2
4km
N O R D S E E
O s t f r i e s i s c h e I n s e l n
Schutzzone I
Norderney
NORDERNEY
Nordstrand
Möwendüne
Baltrum
Wichter Ee
Riffgat
Spaniergat
Nationalpark
Hohes Riff
Juist
Im Loog
Hammersee
Domäne Bill
Busetief
Brander-
plate
Schill-
plate
Kachelot-
plate
Memmert
Nordland
Osterems
Mammertbalje
Niedersächsisches
Itzendorf-
plate
Borkum
BORKUM
Westland
Ostland
Nordstrand
Hoge
Hörn
Hohes
Riff
Lütje Hörn
Reede Borkum
Fischerbalje
Randzel
Wattenmeer
Koper-
sand
Bantsbalje
Hamburger Sand
Ley
Leybucht
Schweinsrücken
Leysand
Sperrwerk Leysiel
Greetsieler
Nacken
Pilsumer
Westerems
Rottumeroog
Randzelgat
Oude Westereems
Dukegat
NORDEN
Hage
Großheide
Berumbur
Osteel
Upgant-
Schott
Marienhafe
Rechtsupweg
Greetsiel
Krummhörn
Wirdum
Norddeich
Ostermarscher Watt
Manslagter
Pilsum
Hauen
Schutzzone I

Hier ist für jeden etwas dabei

Paradies für Wasserratten, Extremsportler, Vogelkundler, Frischluftfanatiker, Kneipengänger und Wanderfreunde: Borkum, Juist und Norderney blicken auf eine lange Seebädertradition zurück. Und bieten dem Urlauber eine breite Palette – für Ruhebedürftige ebenso wie für Familien mit Kindern und für „Partylöwen".

1 Borkum

Borkum (5200 Einw.) ist mit knapp 31 km² die größte der Ostfriesischen Inseln und die am westlichsten gelegene. Bis 1863 bestand Borkum aus den Teilinseln Westland und Ostland; das „Tüskendör" („Zwischendurch") markiert noch die einstige Nahtstelle. Erstmals erwähnt wurde die Insel 1398. Die Inselbewohner lebten mehr schlecht von Strandgut, bis der Walfang im 17. Jh. zeitweise Wohlstand brachte. Nach dessen Ende setzte Ende des 18. Jh. eine große Inselflucht ein. Erst mit dem Tourismus (ab 1834) änderte sich die Situation langsam. Auf Borkum, seit 1850 anerkanntes Nordseeheilbad, herrscht ein pollenarmes und besonders jodhaltiges Hochseeklima. Daran ändert auch die Tatsache kaum etwas, dass der Autoverkehr – wenn auch eingeschränkt – weitgehend zugelassen ist. Die Insel kann mit seiner Dünenlandschaft, rund 25 km Sandstrand und der herrlich frischen Luft wuchern. An Borkums Strandpromenade wechseln sich eher hässliche Betonburgen mit gediegenen Bauten aus der Gründerzeit ab.

SEHENSWERT

Die Insel besitzt drei Leuchttürme. 1576 wurde der 45 m hohe **Alte Leuchtturm** erbaut, der bis 1879 Seefahrern den Weg wies, als ein Brand das Leuchtfeuer zerstörte. Als Ersatz errichteten die Borkumer noch 1879 den **Großen Leuchtturm,** auch Neuer Leuchtturm genannt, der bis heute Dienst tut (Goethestraße 1, Tel. 04922 77 99; Besichtigung April bis Okt. tgl. 10.00–11.30 und 15.00–17.00, Mo., Mi., Fr. und Sa. auch 19.00–21.00, sonst Di., Fr. und So. 15.00–16.30 Uhr). Ende des 19. Jh. wurde der **Alte Leuchtturm,** urspr. ein Kirchturm, wieder aufgebaut (Wilhelm-Bakker-Straße 4, www.borkum-alter-leuchtturm.de; zzt. geschl.). 1891 entstand am Südstrand der 27 m hohe **Kleine Leuchtturm,** bis 2003 in Betrieb.

MUSEEN

Im **Heimatmuseum „Dat Dykhus"** werden 300 Jahre Borkumer Geschichte präsentiert. Schwerpunkt ist die Historie des Walfangs, Attraktion das Skelett eines 15 m langen Pottwals (Roelof-Gerritz-Meyer-Straße/Am Alten Leuchtturm, Tel. 04922 48 60, www.heimatverein-borkum.de; Mitte März–Okt. Di.–So. 10.00 bis 17.00 Uhr, sonst kürzer). Das **Feuerschiff Borkumriff** dient als Museumsschiff und Informationszentrum für den Nationalpark Wattenmeer und den Nordseeschutz (Am Neuen Hafen, Tel. 04922 20 30, www.feuerschiff-borkumriff.de; April–Okt. Di.–So. 9.45–17.15, Führungen jede Std. 9.45–16.15; Nov.–März Di., Do. und Sa. 10.45–16.15, Führungen um 13.45 Uhr). An der Südpromenade ist das kleine **Nordseeaquarium** zu finden (Von-Frese-Straße, Tel. 04922 15 88, www.nordseeaquarium-borkum.de; März–Okt. Di.–So. 10.00–17.00, sonst Mo., Mi., Sa. und So. 11.00–16.00 Uhr).

AKTIVITÄTEN

In der **Malschule** des Ateliers am Meer (Jann-Berghaus-Straße 1, Tel. 04922 99 05 55, www.atelier-am-meer.de) können Kurse in Acryl- und Aquarelltechniken belegt werden.

VERANSTALTUNGEN

In der Nacht vom 5. auf den 6. Dez. wird **Klaasohm** gefeiert, so etwas wie der „Nationalfeiertag" der Insulaner. Gesitteter geht es bei der alljährlichen **Promenadenfete** im Sommer zu, die den ganzen Tag über Live-Musik, Mitmach-Aktionen für Kinder, buntes Markttreiben bietet und mit einem großen Feuerwerk ihren Abschluss findet. Bei den **Borkumer Jazztagen** (www.borkumerjazztage.de) an Pfingsten sind schon Größen wie Paul Kuhn aufgetreten.

INFORMATION

Tourist-Information, Am Georg-Schütte-Platz 5, 26757 Borkum, Tel. 04922 93 30, www.borkum.de

2 Juist

Töwerland nennen die Juister auf plattdeutsch ihre Insel, was so viel wie Zauberland bedeuten soll. Das ist ein bisschen geschummelt, denn „Töwer" bedeutete im Altplattdeutschen Hexe, und die Insel wurde ursprünglich so bezeichnet, weil drei Inselbewohnerinnen Ende des 16. Jh.

In einer früheren Borkumer Scheune residiert das „Upholm" (links). Borkums Strandkarren dienen der Sicherheit (rechts unten), inseltypisch sind die Strandzelte (rechts oben).

Tipp

Mit rotem Insel-Teppich

Einmal im Jahr wird Norderney zu einer Art „Cannes der Nordsee“, während des Filmfestes Emden/Norderney. Statt Kaviar und Austern gibt es bei der friesischen Ausgabe jedoch Matjes, statt Champagner wird Ostfriesentee ausgeschenkt. Dennoch bringen deutsche Berühmtheiten wie Sönke Wortmann, Wolfgang Petersen, Joachim Król und Hannelore Elsner seit über 25 Jahren Glamour auf die Insel. Das plüschige Ambiente im Norderneyer Kino und die familiäre Atmosphäre machen das Filmfest zu einem besonderen Ereignis. Während der Festival-Drehbuchpreis in Zusammenarbeit mit dem Adolf-Grimme-Institut von einer Jury vergeben wird, entscheiden ansonsten die Kinobesucher über die Gewinnerfilme.

FILMFEST EMDEN/NORDERNEY
Kino im Kurtheater Norderney, Weststrandstraße 2, Tel. 04932 87 41 60, www.filmfest-emden.de; Karten im Kurtheater

der Hexerei beschuldigt und schließlich verbrannt wurden. Das Eiland zwischen Borkum und Norderney ist das schmalste der Ostfriesischen Inseln und ein wahres Naturparadies. Je nach Gezeiten misst Juist teilweise nur 500 m in der Nord-Süd-Ausdehnung, ist dafür mit knapp 17 km die längste dieser Inseln. Gern wird Juist (1800 Einw.) auch die schönste **Sandbank** **TOPZIEL** der Welt genannt. Seit 1840 ist es staatlich anerkanntes Seebad.

SEHENSWERT

Das 1898 errichtete **Historische Kurhaus,** auch „Weißes Schloss am Meer“ genannt und beeindruckendes Beispiel der Seebäder-Architektur an der Nordseeküste, beherbergt heute ein Vier-Sterne-Hotel (www.kurhaus-juist.de). 2008 wurde mit dem 17 m hohen **Seezeichen** auf der neuen Seebrücke ein neues Inselwahrzeichen geschaffen. Der **Wasserturm,** von den Insulanern wegen seiner besonderen Form auch „Doornkaatbuddel“ genannt, wurde 1927 errichtet, als wegen des zunehmenden Fremdenverkehrs die herkömmliche Wasserversorgung nicht mehr ausreichte. Das **Alte Warmbad** (1899) beherbergt heute das Standesamt und einen Lesesaal. Der **Leuchtturm Memmertfeuer** hat keine Bedeutung mehr für die Schifffahrt. Der **Hammersee,** größtes Süßwassergewässer der Ostfriesischen Inseln, entstand Mitte des 17. Jh., als die verheerende Petriflut von 1651 die Insel zeitweise zweigeteilt hatte. Am Westende Juists liegt das **Billriff,** auf dessen Sandbänken bei Ebbe gelegentlich Seehunde zu beobachten sind.

MUSEEN

Das **Küstenmuseum** im Loog präsentiert Interessantes zur Juister Inselhistorie, aber auch Ausstellungen zu Schifffahrt und Fischerei, zur Seebädergeschichte und zum Küstenschutz (Loogster Pad 29, Tel. 04935 14 88, www.kuestenmuseum-juist.de; April–Okt. Di.–Fr. 9.30–13.00 und 14.30–17.30, Sa. 9.30–13.00, So. 14.30–17.00, sonst Di. und Sa.14.30 bis 17.00 Uhr). Das **Haus Siebje** repräsentiert die Inselbauweise vor rund 200 Jahren (Heimatverein Juist, Friesenstraße 19, Tel. 04935 7 84 64). Das **Nationalpark-Haus** ist im alten Inselbahnhof von 1936 untergebracht (Carl-Stegmann-Straße 5, Tel. 04935 15 95, www.nationalparkhaus-juist.de; Jan.–Okt. Di.–Fr. 9.30–12.30 und 15.00–18.00, Sa. und So. 15.00–18.00 Uhr).

HOTELS UND RESTAURANTS

Gediegener und komfortabler geht es wohl in kaum einem Haus an der gesamten Küste zu als im altehrwürdigen Strandhotel **€ € € / € € Kurhaus Juist** (Strandpromenade 1, 26571 Juist, Tel. 04935 91 60, www.kurhaus-juist.de). Das **€ € / € Haus Annatur** setzt konsequent auf „bio“. Möbel mit Bio-Zertifikat, Ökostrom und eine biologisch-vegetarische Vollwertküche samt gemütlichem Ambiente erwarten den Gast (Dellertstraße 14, 26571 Juist, Tel. 04935 9 18 10, www.annatur.de).
Im **€ € € / € € Weißen Saal** des Kurhotels lässt es sich in stilvollem Ambiente vortrefflich Speisen (Strandpromenade 1, 04935 91 60). Spezialität der **€ € / € Domäne Bill** im Westen Juists (04935 12 12; Mi. Ruhetag) ist der Stuten, ein selbst gebackenes Rosinenbrot.

VERANSTALTUNG

An Himmelfahrt lädt die Insel zum **Juister Musikfestival** (www.juister-musikfestival.de). Es wird gerockt, geswingt, von Reggae über Jazz bis zur Folklore ist einiges im Angebot.

INFORMATION

Kurverwaltung, Friesenstraße 18, 26571 Juist, Tel. 04935 80 90, www.juist.de

Juister „Domäne Bill“: der legendäre Rosinenstuten (links). Beachvolleyball beim Norderneyer „White Sands Festival“ (rechts)

3 Norderney

Norderney existiert in heutiger Form erst seit Mitte des 16. Jh. und ist damit jüngste der Ostfriesischen. Bereits 1797 durfte sie sich Königlich-Preußisches Seebad nennen, von 1819 bis 1866 Königlich Hannoversche Seebadeanstalt – bis Preußen das Königreich Hannover vereinnahmte. Auf der zweitgrößten der ostfriesischen Eilande (26 km²) urlaubten zuerst überwiegend die oberen Zehntausend; Dichter und Komponisten ließen sich hier inspirieren. Heute verzeichnet die Insel (6000 Einw.) über 3 Mio. Übernachtungen pro Jahr. Schon von der Fähre aus fällt die urbane Silhouette der Stadt Norderney ins Auge; dort geht es in der Hauptsaison lebhaft zu – Ruhe findet man in der weitläufigen Dünenlandschaft und an den Stränden.

SEHENSWERT

Rund um den Kurplatz versprüht Norderney Charme vergangener Zeiten. Erst recht, wenn dort zum Kurkonzert aufgespielt wird. Das 1840 errichtete **Conversationshaus** (Kurhaus) zählt zu den bedeutendsten Profanbauten Ostfrieslands (heute Spielbank). Das mondäne **Kurhotel** wurde bereits 1837 erbaut und diente dem hannoverschen Königshaus als Sommerresidenz. Auch das **Kurtheater** (1894) weckt mit seinem „plüschigen“ Ambiente Erinnerungen an „anno dazumal“ (Kino). Die **Windmühle Selden Rüst** („Selten Ruhe“, 1862) ist die einzige auf den gesamten Ostfriesischen Inseln (Restaurant, Marienstraße 24, Tel. 04932 20 06, www.norderney-muehle.de). Vom **Leuchtturm,** 1872–1874 errichtet und 54 m hoch, genießt man einen herrlichen Rundblick (tgl. 14.00–16.00 Uhr). An der Rattendüne liegt wohl auf ewig das **Wrack** eines Muschelsaugers;

die „Pionier" machte ihrem Namen keine Ehre, als sie 1967 beim Versuch, einen havarierten Heringslogger abzuschleppen, selbst strandete (Wanderweg ab Parkplatz Ostheller). Das **Nationalpark-Haus Norderney** bietet Informationen zum Nationalpark Niedersächsisches Wattenmeer (Am Hafen 1, Tel. 04932 20 01, www.nationalparkhaus-norderney.de; März bis Sept. tgl. 9.00–18.00 Uhr, sonst kürzer).

MUSEEN

Im **Bademuseum** ist u. a. die rund 200-jährige Geschichte des Staatsbades nachzuverfolgen (Am Weststrand 11, Tel. 04932 93 54 22, www.museum-norderney.de; Di.–So. 11.00–16.00 Uhr). 1937 wurde das **Heimatmuseum** in einem Nachbau einer Fischerkate eröffnet; zu sehen ist, wie die Fischer einst lebten und arbeiteten (Weststrandstraße 1, Tel. 04932 17 91, www.heimatverein-norderney.de).

AKTIVITÄTEN

Das **Badehaus Norderney** ist das größte Thalassozentrum Europas. Die Elemente Feuer und Wasser bilden den Schwerpunkt des Wellnesstempels. Spaß für die Familie bietet der dritte Bereich, u. a. mit Riesenrutsche und Meerwasser-Hallenbad (Am Kurplatz, 04932 89 10, www.badehaus-norderney.de; tgl. 9.30–21.30 Uhr).

HOTELS UND RESTAURANTS

Norderney verfügt über eine Vielzahl Ferienwohnungen und Appartements. Für höhere Ansprüche empfehlen sich u. a. das luxuriöse **€ € € € Hotel Seesteg** (Damenpfad 36a, 26548 Norderney, Tel. 04932 89 36 00, www.seesteg-norderney.de) und das **€ € / € Strandhotel Pique** (Am Weststrand 3–4, 26548 Norderney, Tel. 04932 9 39 30, www.hotel-pique.de). Das **Café Marienhöhe** besitzt Kultstatus, allerdings haben zuletzt relativ hohe Preise und bisweilen unfreundlicher Service am positiven Image gekratzt (Damenpfad 42, Tel. 04932 6 86). Von Gourmetführern empfohlen werden das **€ € € € Restaurant N'eys** (Kaiserstraße 24, Tel. 04932 89 80, www.georgshoehe.de) und das **Restaurant im Seesteg.** Günstiger ist es u. a. im **Lenz,** im **Old Smugler,** an der **Mühle** oder im **de Leckerbeck**.

VERANSTALTUNGEN

Norderney ist der „Sportcrack" der Ostfriesischen Inseln. Das **White Sands Festival** zu Pfingsten kombiniert ein hochkarätiges Beachvolleyball-Turnier mit einer Windsurf-Regatta und vor allem mit Party „bis zum Abwinken" (www.whitesandsfestival.de). Höhepunkt für kleine Gäste ist das **Weststrandfest** (2. oder 3. Juli-Wochenende); neben einem bunten Mitmachprogramm und Shows bieten die Veranstalter eine kindgerechte Gastronomiemeile. Sportlich geht es dagegen beim **Norderney-Marathon** Mitte Sept. zu (www.norderney-marathon.de).

INFORMATION

Staatsbad Norderney Gesellschaft, Am Kurplatz 3, 26548 Norderney, Tel. 04932 89 10, www.norderney.de

Genießen Erleben Erfahren

DuMont Aktiv

Bei Regenpfeifer & Co.

Der Nationalpark Wattenmeer dient zahlreichen Vogelarten als Brutstätte oder Rastplatz. Auf Juist haben Hobby-Ornithologen gleich drei interessante und landschaftlich unterschiedliche Vogelparadiese zur Auswahl.

In der Dünenlandschaft des Kalfamer ist unter anderem die vom Aussterben bedrohte Zwergseeschwalbe zu beobachten. Während der Brutzeit von April bis Okt. ist der Zutritt nur im Rahmen von Führungen möglich, ansonsten nur auf den markierten Wegen gestattet. Am Billriff geben sich Alpenstrandläufer, Kiebitzregenpfeifer und Knutts ein Stelldichein. Zum Schutz der Vögel, aber auch wegen des Treibsands, ist auch hier der Zutritt nur eingeschränkt möglich. Auch am Hammersee herrscht reges Treiben der gefiederten Freunde. Es rasten Blässhühner, Haubentaucher sowie zahlreiche Entenarten.

Ein Spitzenerlebnis ist für Vogelliebhaber die Insel Memmert, südwestlich von Juist und seit 1907 Vogelschutzgebiet. Dort befindet sich einer der in Europa äußerst seltenen Brutplätze des Löfflers. Auch die Heringsmöwe, der Kormoran, diverse Seeschwalbenarten und Watvögel brüten auf dem Eiland. Scharen von Schnepfenvögeln, Regenpfeifern, Wasser- und Strandläufern, Säbelschnäblern und Austernfischern leben vorübergehend nahe der Sandbank. Memmert darf allerdings nur mit schriftlicher Genehmigung der Nationalparkverwaltung, nur außerhalb der Brutzeit und ausschließlich unter fachkundiger Führung betreten werden.

Weitere Informationen

Nationalpark-Haus Juist, Carl-Stegmann-Straße 5, 26571 Juist, Tel. 04935 15 95, www.nationalparkhaus-juist.de; Jan.–Okt. Di.–Fr. 9.30–12.30 und 15.00–18.00, Sa. und So. 15.00–18.00 Uhr

Halt
für
Rangierfahrten

Bollerwagen statt Luxus-schlitten

Aneinandergereiht wie Perlen einer Schnur liegen die Ostfriesischen Inseln im Wattenmeer – am östlichen Ende Baltrum, Langeoog, Spiekeroog und Wangerooge. Hier geht es überwiegend „sutsche“ zu, wie man im Norden zu sagen pflegt: ruhig, unaufgeregt und gemütlich. Wunderbar lässt es sich einen Gang runter schalten, was keineswegs wörtlich zu verstehen ist, denn alle vier Inseln sind autofrei. Bollerwagen statt Luxus-schlitten rumpeln übers Pflaster. Und kaum, dass die Fähren vom Festland ablegen, hat man die Alltagshektik vergessen.

Orientierungspunkt für alle Reisenden:
Wangerooges Neuer Leuchtturm

Zwischen West- und Ostdorf liegt Baltrums kleiner See

Schlichte Strandburgen reichen auf Baltrum nicht – immer wieder wird neuer Ehrgeiz geweckt.
Ansonsten geht es auf der Insel geruhsam zu. Es sei denn, die Brandung wird erreicht

Strandgymnastik gehört auf Baltrum dazu

Dem Römerwort „Frisia non cantat – Friesland singt nicht" zufolge haben die Küstenbewohner seit jeher genug damit zu tun, ihr Land gegen die See zu sichern. Waren die Römer jemals auf Baltrum?

Es soll doch tatsächlich Ignoranten geben, die behaupten: „Kennt man eine der Ostfriesischen Inseln, kennt man sie alle." „Dumm Tüch", „dummes Zeug", entgegnen die Ostfriesen zu Recht. Baltrum, Langeoog, Spiekeroog und Wangerooge eint zwar, dass die Uhren hier etwas langsamer ticken als beispielsweise auf dem mondäneren Norderney. Und doch haben sie alle ihren eigenen Charme und ihre Besonderheiten. Wangerooge besitzt zudem das Alleinstellungsmerkmal, streng genommen gar keine Ostfriesische Insel zu sein. Denn das Eiland gehört historisch gesehen zum friesischen Jeverland, also zu Oldenburg.

Musikalisches Dornröschen

Spötter behaupten, der Name Baltrum leite sich davon ab, dass man bei einem Spaziergang „bald rum" sei. Das Eiland liegt zwar in der Mitte der ostfriesischen Perlenkette, ist aber wahrlich nicht der Nabel der Welt. Die Insulaner selbst haben ihm den Namen „Dornröschen der Nordsee" gegeben. Entweder man kommt einmal und nie wieder, weil man Baltrum eher als „Aschenputtel" wahrnimmt, oder man wird Stammgast auf Jahrzehnte, weil man es dort so märchenhaft schön findet. An Baltrum scheiden sich jedenfalls die Geister.

Geradezu gespenstisch ging es zu, als der schwedische Regisseur von Weltruf, Ingmar Bergmann, 1967 seinen Film „Die Stunde des Wolfs" auf Baltrum drehen ließ. Ein cineastischer Albtraum von einem Maler, der auf der einsamen Nordseeinsel neue Inspiration suchte, doch stattdessen im Reich der Dämonen endete. Dem großen deutschen Expressionisten

Paul Klee ging es 1923 ganz anders. Er konnte sich ganz offensichtlich von der wunderbaren Dünenlandschaft und der beschaulichen Atmosphäre inspirieren lassen. Jedenfalls entstanden eine Reihe von Aquarellen, die „Nordseebilder" mit Titeln wie „Häuser an der Düne", „Wattenmeer" und „Dünenflora". Paul Gauguin, der auch Klee maßgeblich beeinflusst hatte, musste extra in die Südsee fahren, Klee reichte Baltrum. Des Malers Biograf behauptet jedenfalls, der Aufenthalt auf der Nordseeinsel hätte das spätere Werk des Künstlers entscheidend geprägt.

Eines ist jedenfalls sicher: Auch die Insulaner sind in besonderem Maße von der Muse geküsst worden. Auf keiner der Ostfriesischen Inseln geht es so musikalisch zu wie auf Baltrum. Selbstverständlich ohne großen technischen Schnickschnack – „unplugged", wie so etwas heutzutage heißt. Der Shanty-Chor

Flächenmäßig gehört Wangerooge zwar zu den kleinen Ostfriesinnen, für Familien ist die Insel allerdings die größte. Und damit der Ferienspaß ungetrübt bleibt, wacht auch hier der StrandService in seinem Karren über das Badeleben

schmettert seit 1985 Seemannslieder nicht mehr nur auf der Insel, sondern hat längst auch das Festland „geentert" und sogar diverse CDs veröffentlicht. Gegründet haben die Männer den Chor, um den Baltrumer Frauen nicht nachzustehen. Denn die hatten bereits lange zuvor eine Gitarrengruppe ins Leben gerufen. Anfangs spielten sie aufgrund von akutem Instrumentenmangel noch auf selbst gebastelten Klangkörpern, auf mit Draht bespannten Zigarrenkisten. Logisch, dass bei derartig ausgeprägter Kreativität auch die Gäste musikalisch aktiv sind. Seit den 1950er-Jahren treffen sie sich Sommer für Sommer fast täglich am Strand, um gemeinsam zu singen. Dass die Kröten, die im Großen Dünental ihr Frühlings-Konzert geben, „Baltrumer Nachtigallen" genannt werden, sei nur am Rande erwähnt.

„Legale Droge Wangerooge" – so bezeichnen die Insulaner ihre Insel und deren Wirkung auf Besucher vom Festland.

„Präsidentensuite" im Grünen

Spiekeroog scheint deutsche Bundespräsidenten magisch anzuziehen. Sowohl Gustav Heinemann als auch Walter Scheel, Richard von Weizsäcker und vor allem Johannes Rau urlaubten auf der Nordseeinsel. Rau tauschte, so oft es seine Zeit erlaubte, Schloss Bellevue mit einem inoffiziellen Amtssitz auf Spiekeroog. Er hatte eine genaue Vorstellung davon, wie ein perfekter Sommertag dort auszusehen hat: auf keinen Fall den Wecker stellen, sondern schlafen, bis man wach wird. Danach bitteschön gemütlich auf der Veranda frühstücken und anschließend in Ruhe nachsehen, ob das Schiff mit den aktuellen Zeitungen angelegt hat. Für den Winter hatte der

Retrodesign zeichnet im gleichnamigen Langeooger Hotel nicht nur den Frühstücksraum aus

Auf dem Holzweg ist man in Langeoog richtig und quert damit vorschriftsmäßig den empfindlichen Dünengürtel

Das Langeooger Nachtleben verläuft vergleichsweise geruhsam: in der Mittelstraße

Sie sehen wilder aus, als sie sind: Schottische Hochlandrinder am Großen Schloop, wo die „Weihnachtsflut“ von 1717 die Dünenkette durchbrach und die Insel eine Zeit lang teilte

Bearbeitete Walzähne in Langeoogs Schifffahrtsmuseum erinnern an Walfängerzeiten

„Wolken, Wind und Möwenschrei, als ob Mensch und Zeit nicht sei.“

Hermann Claudius 1957 über Langeoog

2006 verstorbene Politiker ebenfalls einen exzellenten Plan parat: „Alles genau so machen wie im Sommer, nur die Heizung höher drehen.“

Spiekeroog ist ein Hort der Ruhe. Hier geht es tatsächlich so zu, wie es die Werbung für eine friesische Biermarke verspricht: Keine Staus. Keine Termine. Keine Hektik. Kein Stress. Keine Kompromisse. Was auch heißt: kein Flughafen, keine Busse, keine Autos und möglichst noch nicht einmal Fahrräder. Viel zu hektisch diese Raser auf zwei Rädern. Das öffentliche Verkehrsmittel auf Spiekeroog wird von exakt einer Pferdestärke betrieben, seit in den 1980er-Jahren die alte Pferdebahn reaktiviert wurde.

Die schnuckeligen Häuser im Inseldorf, mit hübsch verglasten Wintergärten und grün getünchten Zäunen davor, ducken sich im Schutz mächtiger Linden und Kastanien. Das älteste von ihnen wurde 1705 errichtet. Sein Bauherr war ein Pfiffikus: Er sorgte für den Fall einer Sturmflut vor und konstruierte das Dach seines Hauses geschickterweise so, dass es im Katastrophenfall als Floß dienen konnte.

Spiekeroog ist wohl nicht nur die beschaulichste, sondern auch die grünste der Ostfriesischen Inseln. Was in erster Linie einem Oberforstdirektor aus Hannover zu verdanken ist. Als er Mitte des 19. Jahrhunderts als Gast auf der Insel weilte, begann er, das erste Wäldchen anzulegen. Den Insulanern gefiel die Idee, und sie taten es ihm nach. Schwarzkiefern, Eichen, Erlen, Ebereschen, Zitterpappeln und Birken, aber auch die weit verbreiteten Krähenbeerheiden, gediehen und gedeihen prächtig und geben der Insel ihr charakteristisches grünes Kleid.

Dem siebten Himmel näher

Wangerooge traute sich als Erste. Der Alte Leuchtturm auf der Insel ist seit 1996 Außenstelle des Standesamtes, in der sich heiratswillige Paare in eine gemeinsame Zukunft aufbrechen können. Weit über 5000 Brautpaare haben sich seitdem hier das „Ja-Wort“ gegeben. Vielleicht weil sie sich in rund 30 Metern Höhe in der einstigen Wachstube des Leuchtturmwärters dem siebten Himmel etwas näher fühlen? Vielleicht auch, weil die Hochzeitsfotos endlich mal nicht so aussehen wie die von Freunden und Bekannten? Denn die werden gleich nach der Trauung auf der stets windigen Aussichtsplattform gemacht, wehende Hochzeitskleider und zerzauste Frisuren inklusive. Romantisch ist eine Leuchtturm-Hochzeit auf Wangerooge sowieso. Aber auch überaus praktisch. Weil man

Spiekeroog hält für seine Besucher einige Zerstreuung bereit: eine Fahrt mit der 1885 in Betrieb genommenen Pferdebahn beispielsweise, eine inselbezogene Shoppingtour durch das Noorderloog oder eine künstlerische Verwirklichung im Künstlerhaus

Hier gilt es, über Wasser zu bleiben: Papierbootregatta im Spiekerooger Hafen

In Spiekeroogs Inselkirche erinnern Votivschiffe an prekäre Situationen auf See und die glückliche Rettung

die Flitterwochen gleich auch noch auf der Insel verbringen kann.

1969 durfte der Alte Leuchtturm nach immerhin 113 Dienstjahren seiner ursprünglichen Bestimmung nicht mehr nachkommen. Obwohl in den 1920er-Jahren noch auf 39 Meter erhöht, reichte seine Leuchtkraft nicht mehr aus, um den Schiffen in der Nordsee den Weg zu weisen. Dies übernimmt seitdem der von Schillig aus ferngesteuerte Neue Leuchtturm. Doch damit nicht genug zur wechselhaften Geschichte der Wangerooger Leuchtfeuer: Schließlich leistet sich die Insel nach wie vor gleich drei Exemplare. Der Westturm, bereits um 1600 erbaut, hat einiges erlebt. Mitte des 19. Jahrhunderts bekam er nasse Füße, nach einer Sturmflut und Wangerooges ausgeprägter Neigung, im Wattenmeer herum zu wandern. 1914 wurde er schließlich kurzerhand in die Luft gejagt, aus Sorge, die englische Marine könnte durch ihn allzu leicht zum kaiserlichen Marinestützpunkt in Wilhelmshaven geführt werden. Heute beherbergt der in den 1930er-Jahren fast originalgetreu nachgebaute neue Westturm die Jugendherberge der Insel. Und es sollte doch nicht wundern, wenn einige der Jugendlichen später einmal wiederkommen, um im Alten Leuchtturm von Wangerooge in den Hafen der Ehe einzulaufen.

AUF DER WELTERBELISTE DER UNESCO

Wunderwelt Wattenmeer

Es wurden keine tanzenden Wattwürmer gesichtet, keine feucht-fröhlichen Partys auf den Seehundbänken gefeiert. Auch drehten Austernfischer keine Salti in der Luft an jenem 26. Juni 2009. Dabei hätten die Wattbewohner an diesem Tag allen Grund zur Freude gehabt. Das gesamte Wattenmeer – und mittendrin der Nationalpark Niedersächsisches Wattenmeer – wurde zum UNESCO-Weltnaturerbe ernannt.

Mit Heino Behring wird eine Juister Wattführung sehr kurzweilig

Damit steht das Wattenmeer an der ostfriesischen Küste, bereits 1986 zum Nationalpark ernannt, noch einmal unter ganz besonderem Schutz und befindet sich in illustrer Gesellschaft mit weltberühmten Naturwundern wie dem Great Barrier Reef in Australien, dem Grand Canyon in den USA und den Galapagos-Inseln im Pazifik. Die Jury der UNESCO nannte das Wattenmeer „eine überragende Naturerscheinung von außergewöhnlicher Naturschönheit und ästhetischer Bedeutung". Vor allem aber ist es eine weltweit einzigartige Landschaft. Was für den Laien auf den ersten Blick wie eine scheinbar end- und leblose Fläche gräulich-brauner „Matschepampe" aussieht, ist in Wirklichkeit ein äußerst sensibles Ökosystem. Kinderstube und Lebensraum für rund 10 000 hoch spezialisierte Pflanzen- und Tierarten. Überall kribbelt und krabbelt es, Tausende von Lebewesen kreuchen und fleuchen auf nur einem Kubikmeter Watt. 50 000 Schlickkrebse und mehr teilen sich ihre Wohnung mit genau so vielen Wattschnecken.

Nur die Pfiffigsten überleben

Die ständige Veränderung durch Ebbe und Flut verlangt den Wattbewohnern einiges ab. Man muss sich das ungefähr so vorstellen, als würde man täglich zweimal durch die Waschmaschine geschleudert und anschließend in den Trockner gesteckt werden. Die Lebewesen in den Prielen, auf den Sandbänken und im Schlick – die Muscheln, Schnecken und Krebse – haben sich die ungewöhnlichsten Taktiken „ausgedacht", um zu überleben. Und auch die Pflanzen in den Salzwiesen haben den Dreh raus. Der Queller beispielsweise verdünnt den hohen Salzgehalt des Nordseewassers, indem er sich einen eigenen Süßwasserspeicher anlegt.

Viele Inselbesucher stellen sofort die Frage: Wo sind die Seehunde? Einige Wattführungen, aber auch Ausflugsfahrten führen zu den Seehundbänken. Weil an Menschen auf Schiffen gewöhnt, sind die ersehnten Tiere dort auch meist anzutreffen

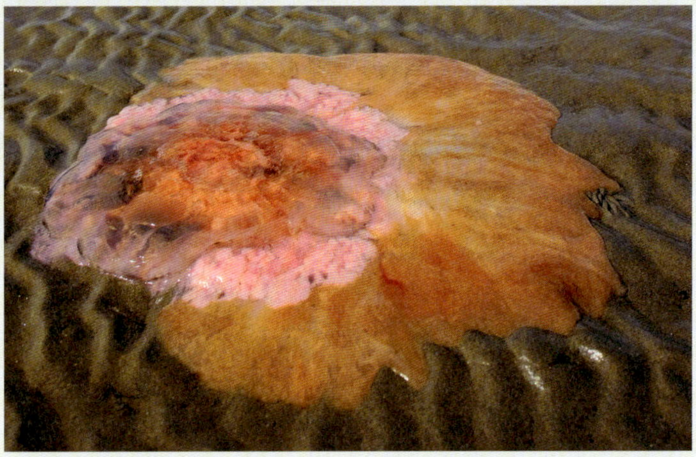

Herzmuscheln besitzen Grabfüße, so können sie sich bei Ebbe in den Untergrund zurückziehen (oben). Ein Wattwurm (Mitte). Die Feuerqualle genannte Gelbe Nesselqualle verursacht bei Berührung schmerzhafte „Verbrennungen" (unten)

Weitaus präsenter für den Menschen sind die Millionen Vögel, die das Wattenmeer – das vogelreichste Gebiet in Mitteleuropa – als Rast- oder Brutstätte nutzen. Am häufigsten lassen sich verschiedene Gänse- und Entenarten, Alpenstrandläufer und Heringsmöwen sowie Säbelschnäbler und Pfuhlschnepfen blicken. Unüberhörbar sind die Trillerzeremonien der Austernfischer. Die „Stars" im Watt sind jedoch die Seehunde und Kegelrobben, deren Population sich aufgrund intensiver Bemühungen stabilisiert und zum Teil sogar vergrößert hat.

Nicht nur Sonnenschein

Im Vorfeld der Nominierung zum Welterbe war im Prozedere der (Watt-)Wurm drin. Hamburg stieg aus dem Vertrag aus, weil es auf einer Elbvertiefung bestand. Die Hansestadt erklärte jedoch noch am Tag der Ernennung, dass sie ihren Teil des Wattenmeeres bei der UNESCO nachnominieren lassen wolle. Und seit dem 27. Juni 2011 darf sich auch das Hamburgische Wattenmeer Weltnaturerbe nennen. Nicht alle sind nach der Ernennung in grenzenlosen Jubel ausgebrochen. So moserte der Wattenrat, ein Zusammenschluss ostfriesischer Naturschützer, zum Titel passe es so gar nicht, dass vor Borkum riesige Off-Shore-Anlagen zur Nutzung der Windkraft gebaut würden. Auch die exzessive Freizeitnutzung an der Küste sei nicht eben preiswürdig. Zudem befürchtet der Wattenrat, dass der Tourismus durch den Welterbe-Status noch zunimmt. Doch auch hier gilt die uralte Weisheit, dass der Mensch vor allem für das Interesse hat, was er kennt und schätzt. Deshalb wird es in Zukunft darauf ankommen, ein Gleichgewicht zwischen den Interessen des Wattwurms und der Wirtschaft herzustellen – eine nicht eben dankbare Aufgabe mit reichlich Zündstoff.

Fakten

Das gesamte Wattenmeer vom niederländischen Den Helder bis hinauf nach Dänemark erstreckt sich über eine Länge von etwa 450 km und maximal 40 km Breite auf einer Fläche von ungefähr 9000 km². Rund 30 % des Gebiets gehört zu den Niederlanden, 60 % zu Deutschland und 10 % zu Dänemark. Die Grenzen des Niedersächsischen Wattenmeers (Gesamtfläche 2777 km²) sind im Westen der Dollart, im Osten die Außenelbe bei Otterndorf.

Informationen bei der **Nationalparkverwaltung Niedersächsisches Wattenmeer,** Virchowstraße 1, 26382 Wilhelmshaven, Tel. 04421 91 10, www.nationalpark-wattenmeer.de/nds

Kein Küstenbesuch ohne Wattwanderung! Diese auf eigene Faust zu unternehmen, bleibt angesichts eventueller Wetteränderungen mit Nebel oder Gewitter ein gewisses Wagnis. In Begleitung eines Wattführers hat man nicht nur Sicherheit, sondern meist auch launige Unterhaltung

Maßstab 1:200.000
0
2
4km
N O R D S E E
Ostfriesische Inseln
Leuchtturm „Alte Weser"
Leuchtturm „Roter Sand"
Leuchtturm „Mellumplate"
Leuchtturm „Hooksielplate"
Wangerooge
Spiekeroog
Langeoog
Baltrum
Minsener Oog
Mellumplate
Mellumriffe
Mellum
Jade
Hoher Rücken
Martensplate
Swinnplate
Janssand
Ruteplate
Neiderplate
Steinplate
Wattenmeer
Neues Brack
Niedersächsisches
Nationalpark
Schutzzone I
Harle
Otzumer Balje
Accumer Ee
Wichter Ee
Dove Harle
Neuharlingersiel
Elisabethgroden
Carolinensiel
Harlesiel
Bensersiel
Dornumersiel
Neßmersiel
Esens
Wittmund
Jever
Wilhelmshaven
Dornum
Großheide
Westerholt
Holtgast
Werdum
Stedesdorf
Dunum
Hohenkirchen
Wangerland
Horumersiel
Schillig
Hooksiel
Harlingerland
Blomberg
Neuschoo
Schortens
Sande

Die Seele baumeln lassen

Der Jet-Set hat zwar kein Einreiseverbot, aber er verirrt sich auch nur höchst selten nach Baltrum, Langeoog, Spiekeroog und Wangerooge. Statt Kaviar gibt es hier Kaffee und Kuchen. Und viel Ruhe statt Glamour und Gucci. Auf den weitläufigen Sandstränden lässt man Drachen steigen und in der herrlichen Dünenlandschaft die Seele baumeln.

1 Wangerooge

Auf dem knapp 8 km² großen Eiland wohnen noch nicht einmal 1000 Insulaner. Erwähnt wurde Wangerooge erstmals im frühen 14. Jh. In seinem Namen bezieht sich die Insel (Oog) wohl auf die gegenüberliegende Festlandsregion Wangerland. Nachdem Wangerooge im späten 18. Jh. mit Jever unter die Herrschaft der späteren Zarin Katharina der Großen fiel und 1804 den Status eines Seebades zugesprochen bekam, gehörte es anschließend kurzzeitig zu Holland und Frankreich. Ab 1818 hatten wieder die Großherzöge aus Oldenburg das Sagen auf der Insel. Kurz vor dem Ende des Zweiten Weltkriegs war Wangerooge Ziel eines alliierten Bombenangriffs. Einige Bausünden aus den 1960er- und 1970er-Jahren machen die Insel nicht gerade zu einem architektonischen Kleinod, dafür lockt die Flaniermeile der Zedeliusstraße mit Gastronomie und Shopping. Der feine Sandstrand mit über 1300 Strandkörben liegt ganz in der Nähe des Zentrums.

SEHENSWERT

Der rot-weiße **Alte Leuchtturm,** 1856 errichtet, 1927 auf 39 m aufgestockt und 1969 endgültig erloschen (Zedelius-Straße 3, Tel. 04469 83 24, www.leuchtturm-wangerooge.de; tgl. 10.00 bis 12.00 und 14.00–17.00 Uhr), wurde vom 67 m hohen **Neuen Leuchtturm** abgelöst (nicht zu besichtigen). Der **Westturm,** Wahrzeichen der Insel und 1932 nach dem Vorbild seines Vorgängers aus dem 16./17. Jh. errichtet, beherbergt eine Jugendherberge. Das **Nationalpark-Haus Wangerooge** informiert u. a. über Flora und Fauna im Wattenmeer (Friedrich-August-Straße 18, Tel. 04469 83 97, www.nationalparkhaus-wattenmeer.de/nationalpark-haus-wangerooge; Mitte März–Okt. Di.–Fr. 9.00 bis 13.00 und 14.00–18.00, Sa., So. und Fei. 10.00–12.00 und 14.00–17.00, sonst Di.–Fr. 10.00–13.00 und 15.00–17.00, Sa., So. und Fei. 14.00–17.00 Uhr).

MUSEUM

Das **Heimatmuseum** ist im Alten Leuchtturm untergebracht (Zedeliusstraße 3, Tel. 04469 83 24; Mi.–Fr. 17.00–19.00, Sa. 11.00–14.00 Uhr).

Sorgen für Sicherheit: Wangerooges Strandwärter (links). Wangerooges Neuer Leuchtturm (rechts)

AKTIVITÄTEN

Das **Meerwasser-Erlebnisbad Oase** mit Innen- und Außen-Schwimmbecken lockt unter anderem mit einer Riesenrutsche (Obere Strandpromenade, Tel. 04469 99 146; Ostern bis Okt. Mo.–Do. 8.30–19.00, Fr. 12.30–21.00, Sa. und So. 12.30–19.00 Uhr).

HOTEL UND RESTAURANT

Die frühklassizistische **€ € / € Villa im Park** ist zweifelsohne das erste Haus am Platz (Dorfplatz 16, 26486 Wangerooge, Tel. 04469 87 08 0, www.vip-wangerooge.de).
Das **Café Pudding** (Tel. 04469 2 20, www.cafe-pudding.de) an der Strandpromenade ist der Treffpunkt auf der Insel.

VERANSTALTUNG

Ende Aug. steigt das **Drachenfest.**

INFORMATION

Kurverwaltung, Nordseeheilbad Wangerooge, Strandpromenade 3, 26486 Wangerooge, Tel. 04469 990, www.wangerooge.de

2 Spiekeroog

Spiekeroog **TOPZIEL** wird gern auch die „Grüne Insel" genannt, weist sie doch deutlich weit mehr Baumbestand auf als ihre Schwestern. Erstmals erwähnt wurde das 18 km² große autofreie Eiland (820 Einw.) 1398, und seit 1846 darf es sich Seebad nennen. Vor rund 300 Jahren erlangte Spiekeroog durch die Vereinigung mit Lütjeoog und Oldeoog seine heutige Größe. Spiekeroog ist ein nahezu perfekter Ort für all diejenigen, die Ruhe suchen und Urlaub im Einklang mit der Natur verbringen möchten. Neben der einzigartigen Dünenlandschaft – mit der Hohen Düne (24 m) besitzt Spiekeroog den höchsten „Berg" Ostfrieslands –, wunderbaren Stränden und stillen Wäldchen reizt vor allem der idyllische Inselort.

SEHENSWERT
Auf Spiekeroog steht die älteste noch erhaltene Kirche der Ostfriesischen Inseln. Dabei ist die **Alte Inselkirche** (Tranpad 15, Tel. 04976 257) von 1696 noch nicht einmal das erste Gotteshaus, das hier geweiht wurde. Betrachtenswert sind u. a. die Apostelbilder und die aus Treibholz gefertigte Kanzel.

MUSEEN
Im **Muschelmuseum** geht es nur bedingt wissenschaftlich zu; statt lateinischer Fachbezeichnungen erhielten die Funde Phantasienamen (Noorderpad 18, Tel. 04976 91 93 01; Mo.–Fr. 9.00–17.00, Sa. und So. 9.00–12.30 Uhr). Das **Inselmuseum** präsentiert Exponate aus mehreren Jahrhunderten Inselgeschichte in einem früheren Kapitänshaus von 1715 (Noorderloog 1, Tel. 04976 14 04, www.inselmuseum-spiekeroog.de; Di.–So. 15.30 bis 17.00 Uhr).

HOTELS
Das traditionsreiche **€ € / € Hotel zur Linde** im Ortskern ist eine Oase der Ruhe und vereint stilvolles Ambiente mit modernen, komfortablen Zimmern (Noorderloog 5, 26474 Spiekeroog, Tel. 04976 9 19 40, www.hotelzurlinde.eu). Ähnliches gilt für das **€ € € Hotel Inselfriede** (Süderloog 12, 26474 Spiekeroog, Tel. 04976 9 19 20, www.inselfriede.de).

INFORMATION
Kurverwaltung, Nordseebad Spiekeroog, Noorderpad 25, 26474 Spiekeroog, Tel. 04976 919 31 01, www.spiekeroog.de

Tipp

Auf dem Pferderücken

Die Reitschule Petschat auf Spiekeroog bietet täglich Ausritte über die Insel. Der Ausflug auf dem Rücken der Pferde führt durch die Dünen und am Spiekerooger Strand entlang und dauert in der Regel anderthalb Stunden. Voraussetzung für einen Ausritt ist das Beherrschen der drei Grundgangarten (Schritt, Trab und Galopp). Höhepunkt ist der dreieinhalbstündige Ausritt ans östliche Ende Spiekeroogs inklusive eines herrlichen Ausblicks hinüber zur Nachbarinsel Wangerooge. Wer des Reitens nicht mächtig ist, kann alternativ mit zwei PS auf einer gemütlichen Kutschfahrt die Insel erkunden.

WEITERE INFORMATION
Reitschule Klaus Petschat, Achter'd Diek 13, Spiekeroog, Tel. 04976 14 01, www.reitschule-petschat.de

Erinnerung aus Seefahrerzeiten: Spiekeroogs Friedhof (links). Langeoog: Wasserturm und Lale Andersen (rechts)

3 Langeoog

Der Name Langeoog (Lange Insel) kommt nicht von ungefähr. Die rund 20 km² große und autofreie Insel (1900 Einw.) bietet einen 14 km langen Sandstrand. Eine erste Erwähnung datiert von 1398, als der Ostfriesen-Häuptling Widzel tom Brok dem Herzog Albrecht von Bayern das Lehen über „Langeoch" übertrug; besiedelt soll das Eiland aber bereits im frühen 13. Jh. gewesen sein. Nach der Weihnachtsflut 1717 wanderten bis auf vier Familien alle Langeooger aus. Der erste Badegast entdeckte 1830 die herrliche Dünenlandschaft. Wohl bekannteste Einwohnerin von Langeoog war die Sängerin Lale Andersen (1905–1972; „Lili Marleen"), die ihre letzte Ruhestätte auf dem Dünenfriedhof gefunden hat. 1901 zunächst als Pferdebahn in Betrieb genommen, bringt die Langeooger Inselbahn Touristen heute mit Dieselkraft vom Anleger ins Dorf.

SEHENSWERT
Wahrzeichen ist der 1908 aus weißem Wellblech und rotem Backstein erbaute **Wasserturm**. Ganz in der Nähe wurde 2005 eine Bronzeplastik von Lale Andersen aufgestellt. Sehenswert ist das Altarbild des Malers Hermann Buß in der ev. **Inselkirche** aus dem späten 19. Jh. Den Glockenturm der kath. Kirche nennen die Insulaner etwas abfällig „Nonnenrutsche" oder „Möwenrutschbahn". Die 20 m hohe **Melkhorndüne** erlaubt einen schönen Rundblick über die Insel. In der Nähe bietet das Vogelwärterhäuschen Informationen für Hobby-Ornithologen – überhaupt ist Langeoog, speziell an der Meierei Ostende, ein Paradies für Vögel und für Vogelliebhaber.

MUSEEN
Im **Schifffahrtsmuseum** sind zahlreiche Schiffsmodelle zu sehen, außerdem u. a. historische Protokolle von Rettungseinsätzen der Deutschen Gesellschaft zur Rettung Schiffbrüchiger (DGzRS). Im dazugehörigen **Nordsee-Aquarium** tummeln sich Nordseebewohner (Haus der Insel, 04972 69 32 11; nieders. Oster- bis Herbstferien Mo.–Do. 10.00 bis 12.00 und 15.00–17.00, Fr. und Sa. 10.00 bis 12.00 Uhr). Das **Heimatmuseum Seemannshus** erzählt von den Inselbewohnern in den vergangenen Jahrhunderten (Caspar-Döring-Pad/Mittelstraße, Tel. 04972 8 61; Mi. und Fr. 15.30–17.30, So. 10.00–12.00 Uhr).

AKTIVITÄTEN
Das **Meerwasser-Freizeit- und Erlebnisbad** ist mit Wellenbecken, Großrutsche, Eltern-Kind-Becken und Saunalandschaft (inkl. Dünensauna) u. a. ausgestattet (Kurstraße 5, Tel. 04972 69 32 41; Hauptsaison Badewelt Mo. 14.00–21.00, Di.–So. 10.00–18.00, Saunalandschaft Mo.–Fr. 14.00–20.30, Sa. und So. 10.00 bis 18.00 Uhr).
Die Langeooger Fährflotte bietet **Ausflüge** ins Wattenmeer und zu den Seehundbänken an (Schifffahrt der Inselgemeinde Langeoog, Hauptstraße 28, Tel. 04972 69 32 60, www.schiffahrt-langeoog.de).

HOTELS
Empfehlenswert ist das **€ € € / € € Hotel & Spa Logierhus** (Mittelstraße 10, 26465 Langeoog, Tel. 04972 9 11 90, www.logierhus-langeoog.de), das neben erstklassigem Komfort vor allem mit einem modernen, ökologischen Energiekonzept überzeugt. Von außen macht das **€ € / € Retro Design Hotel** nicht besonders viel her.; die Inneneinrichtung bietet bis ins Detail im poppigen Stil der 1970er-Jahre (Abke-Jansen-Weg 6, 26465 Langeoog, Tel. 04972 682 99 90, www.retrodesign-hotel.de).

VERANSTALTUNG
Ende Juli wird das **Langeooger Dörpfest** mit Livemusik, Kinder-Piratenfest und großem Feuerwerk am Strand gefeiert.

INFORMATION
Kurverwaltung, Hauptstraße 28, 26465 Langeoog, Tel. 04972 69 30, www.langeoog.de

4 Baltrum

Baltrum ist mit rund 6,5 km² Fläche die kleinste der Ostfriesischen Inseln. Erwähnt wurde es 1398 als Balteringe, was auf altfriesisch so viel wie Weideland bedeutet. Seit 1876 ist die Insel staatliches Seebad, doch weil der Tourismus hier nicht so boomte, erhielt Baltrum den Beinamen „Dornröschen der Nordsee". Knapp 600 Menschen wohnen hier dauerhaft in den drei Ortsteilen Westdorf, Ostdorf und im alten Ostdorf. Straßennamen gibt es nicht, die Häuser sind chronologisch nummeriert.
Baltrum lockt mit bis zu 300 m breiten Sandstränden und unberührter Dünenlandschaft. Dank alter Fischerhäuschen konnte sich die Insel ihren Charme bewahren. Autofrei, wie die Insel ist, poltern hier noch Pferdekutschen über das Pflaster.

SEHENSWERT

Die **Inselkirche** von 1826 gilt als Wahrzeichen Baltrums; ihre Kirchenglocke, an einem frei stehenden Holzgerüst angebracht, war urspr. Schiffsglocke und wurde von einer Sturmflut an den Strand Baltrums gespült. Das **Nationalpark-Haus** präsentiert eine Ausstellung zum Thema Gezeiten (Haus Nr. 177, Tel. 04939 469; www.nationalparkhaus-wattenmeer.de/baltrum; nieders. Oster- bis Herbstferien Di.–Fr. 9.30–18.00, Sa. und So. 10.00–12.00 und 15.00 bis 19.00 Uhr). Ein rund 7 km langer **Gezeitenpfad** führt über die Insel.

MUSEUM

Das **Heimatmuseum** im alten Zollhaus zeigt eine heimat- und naturkundliche Ausstellung (Haus Nr. 18, Tel. 04939 91 06 30; Juni–Aug. Mo., Di., Do. und Fr. 10.00–12.00 und 15.00–18.00, Mi. und Sa. 10.00–12.00 Uhr).

AKTIVITÄTEN

Das **SindBad** verspricht Badevergnügen. Im Therapie-Trakt und der Saunalandschaft ist Entspannung angesagt, Wasserratten sind in der Badelandschaft mit Rutschen und Badegrotte gut aufgehoben (Haus Nr. 240, Tel. 04939 80 61; Mitte März–Juni und Mitte Sept. bis Okt. Mo.–Sa. 10.00–18.00, Juli–Mitte Sept. Mo.–Sa. 12.00–19.00 Uhr, Sonderzeiten unter www.baltrum.de).

HOTEL

Das familiengeführte **€ € / € Strandhotel Wietjes** liegt, wie es der Name verspricht, direkt am Baltrumer Sandstrand (Hausnummer 58, 26574 Baltrum, Tel. 04939 9 18 10, www.wietjes.de).

VERANSTALTUNGEN

In der Hauptsaison treffen sich Insulaner und Gäste bei schönem Wetter zum **Dünensingen.** Der Shanty-Chor Baltrums gibt regelmäßig **Konzerte** (www.shantychor-baltrum.de).

INFORMATION

Kurverwaltung, Nordseeheilbad Insel Baltrum, Postfach 1355, 26574 Baltrum, Tel. 04939 8 00, www.baltrum.de

Genießen Erleben Erfahren

DuMont Aktiv

Wat is los im Watt?

Die Faszination des Wattenmeeres erkundet man am besten auf einer Wattwanderung unter der Leitung eines staatlich geprüften Wattführers. Die Experten erklären nicht nur, welch hoch spezialisierte Lebewesen sich im Watt tummeln oder was es mit den Gezeiten auf sich hat, sondern sind zumeist auch geborene Entertainer.

Ein ganz besonderer „Clou" sind die Wattwanderungen vom Festland hinüber zu den Inseln. Allerdings sind diese Touren, die zum Teil kilometerweit durch tiefen Schlick führen, ganz schöne Gewaltmärsche. Die Entfernung von Neuharlingersiel beispielsweise nach Langeoog oder auch von Harlesiel nach Spiekeroog beträgt 10 km. Von Neßmersiel nach Baltrum sind es hingegen lediglich 6 km. Zurück aufs Festland geht es nach den Strapazen gemütlich mit der Fähre.

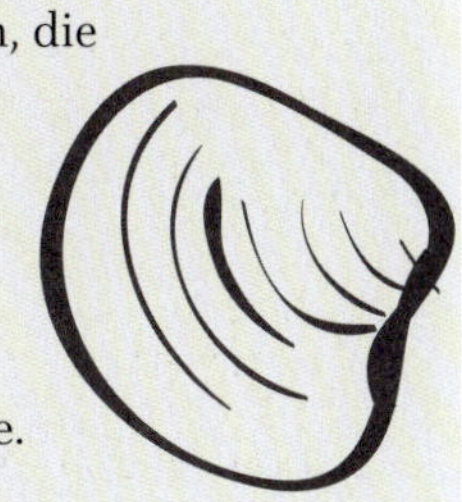

In küstennahen Regionen kann man barfuß wandern, bei den Inseltouren ist es aufgrund der vielen scharfkantigen Muscheln ratsam, alte Turnschuhe oder Socken zu tragen. Gummistiefel eignen sich eher nicht (wenn dann in der kalten Jahreszeit), sie bleiben allzu oft im Schlick stecken. Bei gutem Wetter in der Hauptsaison sollte reserviert werden, denn die maximale Teilnehmerzahl ist gesetzlich vorgeschrieben. Allein zu wandern, ist nicht ungefährlich. Fast jedes Jahr sterben unerfahrene Wattwanderer, die von der Flut überrascht werden.

Weitere Informationen

Wanderungen mit staatlich geprüften Wattführern (Prüfung bei der Nationalparkverwaltung in Wilhelmshaven) können u. a. gebucht werden bei: Petra Lösch (von Wangerooge aus; info@wattwandern-wangerooge.de), Siebels (von Langeoog aus; Tel. 04976 99 02 61, wattfuehrerossi@hotmail.com) oder den Brüdern Hensel (von Neßmersiel, Neuharlingersiel, Harlesiel und Schillig aus; Tel. 04463 17 16, info@watt-wandern.de). Alle Anbieter sind auch unter www.ostfriesland.de/mein-ostfriesland/natur/watt-und-insel/wattwanderungen zu finden.

Friesisch herb

Wo das Bier herb schmeckt, die Kluntjes leise im Tee knistern, wo man sich auch um Mitternacht noch mit „Moin“ begrüßt, wo sich anstelle der traditionsreichen Windmühlen gigantische Rotoren moderner Windenergieanlagen in der steifen Brise drehen, jenseits der sogenannten Goldenen Linie also, da beginnt Friesland. Hier liegt Wilhelmshaven, im Gegensatz zur Herrschaft Jever mit ihrem Schloss noch vor 150 Jahren nichts mehr als eine öde Marschlandschaft, in der mit dem JadeWeserPort ein gigantischer Container-Terminal entstanden ist.

Hinter Wilhelmshavens Kaiser-Wilhelm-Brücke liegen die Viermastbark „Sedov“, das „Feuerschiff Weser“ und der Tonnenleger „Kapitän Meyer“

Fischerstillleben in Neuharlingersiel

Der „Altfischer" lässt seinen prüfenden Blick über das Leben im Hafen von Neuharlingersiel schweifen

Im Musikpavillon im Neuharlingersieler Hafen ertönen Klänge aller Art

Die „Concordia" verkehrt im Sommer zwischen Carolinen- und Harlesiel

Großartige Schiffe mal ganz klein: im Buddelschiffmuseum von Neuharlingersiel

Deus mare, Friso litora fecit – Gott schuf das Meer und die Friesen die Küste.

Friesisches Selbstverständnis

Es mag paradox klingen, aber ganz im Osten der Ostfriesischen Halbinsel muss man auf den Zusatz „Ost" verzichten. Östlich der „Goldenen Linie", im 17. Jahrhundert zwischen dem Fürstentum Ostfriesland und der Grafschaft Oldenburg in der seinerzeit noch nicht eingedeichten Harlebucht gezogen, bestehen sie nämlich darauf, Friesen zu sein. Ebbe und Flut bestimmen auch hier das Leben an der Küste. Und wenn Touristen bisweilen herumnörgeln, man könne ja zeitweise gar nicht baden in der Nordsee, dann halten Ostfriesen und Friesen zusammen und entgegnen: „Das mag ja sein, aber wo kann man sonst schon auf dem Meeresboden spazieren gehen."

Anstössiges am Jadebusen

Im Jahr 1984 schreckte die Bildzeitung ihre Leser wollüstig mit der Schlagzeile „Riesenpenis am Jadebusen". Karl-August Tapken, in der vierten Generation Betreiber des „Kurhauses" in Dangast, muss heute noch grinsen. Eckart Grenzer hatte mit seinem „Grenzstein" am Dangaster Strand für viele die Grenzen des guten Geschmacks überschritten. „Das waren eben prüdere Zeiten damals", meint Tapken. Ihn hat der „Grenzstein" nie groß geschockt. Vom „Kurhaus" aus sehe die Skulptur sowieso eher aus „wie ein Seemann mit Südwester auf dem Kopf". Und der stört längst niemanden mehr. Die Badegäste nutzen ihn als Handtuchhalter, die Kinder als Torpfosten. Wobei der Hintergrund der einstigen Provokation natürlich nicht so banal war, wie die Schlagzeile es vereinfachte: Die Skulptur sollte den Zusammenhang zwischen dem „weiblich-weichen" Meer und der „männlichen Erde" illustrieren.

Dangast ist schon lange ein Ort der Kunst. Vor allem die 1905 gegründete Künstlergemeinschaft „Die Brücke" ließ sich von der besonderen Atmosphäre hier inspirieren. Auch der Maler Franz Radziwill hatte sein Atelier in Dangast, Joseph Beuys war von Zeit zu Zeit Gast. Heute kann man ihre Werke auf einem Kunstpfad bewundern. Ulrike Tapken hingegen versteht sich auf eine andere Art von Kunst: Ihr Rhabarberkuchen im „Kurhaus" gilt als der beste an der Nordseeküste.

Der „Goldene Ring"

Für die Ostfriesen an der Küste gehört das „Übern-Deich-gucken" schon fast so zum Alltag wie das Teetrinken. Es ist vielleicht auch eine Art der Ehrerbietung. In dem Wissen, dass sie ohne die Deiche nicht überleben könnten. „Deus mare, Friso litora fecit", heißt es nicht ohne

Zum Deutschen Marinemuseum in Wilhelmshaven gehört auch ein U-Boot. Hier können Besucher der Enge dieser Unterwasserfahrzeuge nachspüren

Eines von Wilhelmshavens Wahrzeichen: Die Kaiser-Wilhelm-Brücke war zu Beginn des 20. Jahrhunderts Deutschlands größte Drehbrücke

Das Deutsche Marinemuseum ist nicht nur für Militariafreunde einen Besuch wert

Der Kriegshafen Wilhelmshaven blickt in eine freundlichere Zukunft: Den Südstrand schmückt in direkter Nachbarschaft zum Marinestandort die Skulptur „Friedenstaube“

Stolz. Für Touristen sind die Deiche bisweilen eher ein Ärgernis, verstellen sie doch allzu oft den Blick aufs Meer. Über die unendlichen Mühen, von den Menschen hier im Lauf der Jahrhunderte auf sich genommen, darüber machen sich wohl die Wenigsten Gedanken. Eher darüber, beim Deichspaziergang die unzähligen Schafsköttel zu umgehen ...

Begonnen wurde mit dem Deichbau an Ostfrieslands Küsten vor gut 1000 Jahren. Zunächst waren es kleinere, ringförmige Deichanlagen um die Gehöfte, erst im 13. Jahrhundert wurden sie zu einem durchgehenden Seedeich verbunden, dem sogenannten „Goldenen Ring“. Doch wenn der „Blanke Hans“ zu wüten begann, erwiesen sich diese Deiche oft genug als nicht ausreichend. Abertausende fanden in hereinbrechenden Fluten den Tod.

Mit „Strand, Meer und Nordseefango“ begann vor 125 Jahren der Tourismus in Wilhelmshaven.

Bis ins 18. Jahrhundert waren allein die Landbesitzer an der Küste für die Deiche verantwortlich. Doch oft waren die Bauern mit ihren Pflichten überfordert. Sahen sie sich außerstande, für die Sicherung ihres Deichstücks zu sorgen, steckten sie gemäß dem damals geltenden Recht ihren Spaten hinein, was die Kapitulation bedeutete. „Keen nich will dieken, de mutt wieken“, hieß es – „Wer nicht will deichen, der muss weichen.“ Wer den Spaten herauszog, war automatisch der neue Besitzer von Haus und Hof – inklusive des Deichpfands, also aller anliegenden Pflichten.

Inzwischen erledigen modernste Baumaschinen die Arbeiten, Computer errechnen auf den Millimeter genau die Anforderungen an die Deiche. Lag die durchschnittliche Höhe im 16. Jahr-

Religiöse Toleranz führte zu vielen Kirchenbauten in Neustadtgödens: Lutherische Kirche von 1695

In den verspiegelten Türmen der Brauerei in Jever lagert das „Jungbier" in riesigen Tanks, bevor es nach drei bis vier Wochen abgefüllt wird

Schlossmuseum in Jever: Mit Hilfe von Spiegelwagen und Fernglas kann die prächtige Renaissance-Kassettendecke bequem betrachtet werden

Wie das Schloss zu Jever ist auch Schloss Gödens ein Renaissancebau, umgeben von einem weitläufigen Landschaftspark

Im Schloss zu Jever erinnert noch vieles an die Zeiten höfischer Pracht, die Ahnengalerie an zerbster, russische und oldenburgische Herrscher

Gern erinnert Jever an sein „gnädig Fräulein Maria", hat die Stadt ihr über das Schloss hinaus doch viel zu verdanken.

hundert noch bei viereinhalb Metern, so beträgt sie nun mehr als acht Meter. Längst sorgen neben dem Haupt- oder Seedeich zusätzliche Sommer- und Flügeldeiche für Sicherheit. Doch sind die Haus- und Grundbesitzer keineswegs von ihren Pflichten entbunden und, in Deichverbänden oder Deichachten sozusagen zwangsorganisiert, weiterhin für den Unterhalt der Deiche zuständig. Allerdings zeichnen bei Neubauten, Erhöhungen oder umfassenden Erweiterungen heute Bund und Länder verantwortlich für Planung und Umsetzung und übernehmen die notwendigen Investitionen. So wurden in Niedersachsen seit 1955 weit mehr als zwei Milliarden Euro in den Küstenschutz investiert. In Zeiten des Klimawandels und des damit steigenden Meeresspiegels wird das nicht reichen – weitere 520 Millionen Euro wird deshalb allein Niedersachsen für den Küstenschutz in die Hand nehmen.

Nach Russland oder Amerika

Barack Obama war noch nicht dort, auch der russische Präsident Wladimir Putin hat sich noch nicht blicken lassen. Dabei wäre es doch ein Einfaches, mit dem Fahrrad zu bilateralen Gesprächen anzureisen, trennen Russland und Amerika hier in Ostfriesland gerade einmal zwei Kilometer. Kein Visum ist nötig, kein Ozean versperrt den Weg – in der Friesland-Gemeinde Friedeburg. In Amerika beherrschen weder Wolkenkratzer noch Highways, sondern Wallhecken und schwarz-bunte Rindviecher auf sattgrünen Weiden das Landschaftsbild. Man spricht plattdeutsch statt englisch in der spöttisch mit dem Namen Amerika versehenen, einst dem weit ins Land reichenden Jadebusen abgerungenen „neuen Welt".

Auch in Russland ist rein gar nichts zu finden, was man gemeinhin mit der Großmacht verbindet. Die Kommunisten hatten hier nie etwas zu sagen. Wodka wird allenfalls getrunken, wenn Kohl- und Pinkelgruppen durchziehen. Böse Zungen verbreiten, dass der Ort so heißt, weil die karge Vegetation an Sibirien, also an Russland, erinnere. Wahrscheinlicher ist, dass hier früher Köhler ihrem Handwerk nachgingen, im Volksmund „Rußer" genannt. Von ihnen ist sprachlich der Weg zu den Russen nicht weit. Im Gegensatz zu den Vereinigten Staaten und der Russischen Föderation können die ostfriesischen „Russen" und „Amerikaner" allerdings auf strenge Sicherheitsvorkehrungen verzichten. Die kriminelle Energie der Besucher beschränkt sich meist darauf, eines der Ortsschilder abzumontieren.

Das Wattenmeer ist ein zeitloser Klassiker:
Ausflugsfahrt mit der „Etta von Dangast“

Wenn das Wetter mal nicht so mitspielt, behilft man sich mit einem Grog:
in der Dangaster Kurhausklause am Jadebusen

Zur Dangaster Kunst am Meer gehört die Skulptur
„Jade“ von Anatol Herzfeld

Warten auf Ausflugswillige:
im kleinen Dangaster Hafen

Der „Thron von Butjatha“ steht am
Südufer des Jadebusens bei Dangast

Sie kann auch mal dramatisch sein: Abendstimmung am Jadebusen

Geisterhafen an der Jade

Was hat Wilhelmshaven, was Hamburg und Bremen nicht haben? Die eher als provinziell geltende „Grüne Stadt am Meer" zeigt stolz auf ihren JadeWeserPort. Mit ihm wollte die Hafenstadt – bisher eher für die „Grauschiffe" der Marine bekannt – in die erste Liga der Container-Schifffahrt aufsteigen. „Schlicktown" sollte für den Anschluss der Exportnation Deutschland im weltweit boomenden Containerumschlag mit immer gigantischeren Schiffen sorgen. Die Idee und mit ihr die Hoffnung auf mindestens 2000 neue Arbeitsplätze in der strukturschwachen Region entstand bereits 1993, doch erst im März 2008 konnten die Bagger die Arbeit aufnehmen. Rund 3000 Petitionen gegen das Projekt führten immer wieder zu Verzögerungen. Anwohner und Naturschützer befürchteten die Zerstörung des Geniusstrandes, Wilhelmshavens einzigen Sandstrands, und sorgten sich um die Brutgebiete seltener Vogelarten. Zudem gab es reichlich Zoff um die Auftragsvergabe. Ein Untersuchungsausschuss musste eingesetzt werden, von Korruption gar war die Rede.

Nachdem ursprünglich 2010 als Betriebsbeginn anvisiert worden war, ging der JadeWeserPort am 21. September 2012 offiziell in Betrieb, und das nach nochmaliger Verzögerung, weil im Frühjahr 2012 auch noch mehr als 150 Risse in den Stahlplatten der fast zwei Kilometer langen Kaimauer festgestellt wurden. Deutschlands größte Baustelle schrieb Negativschlagzeilen als „Pannenhafen" und „Milliardengrab". Doch damit nicht genug. Nach der Eröffnung sollte sich bald zeigen, dass die Prognosen vollkommen überzogen waren. 2,7 Millionen Container könnten an Deutschlands einzigem Tiefwasserhafen rund um die Uhr umgeschlagen werden. Doch nach nur einem Jahr zog man die vernichtende Bilanz, dass gerade einmal zehn Prozent der erwarteten Menge angelandet wurde, ein Großteil der Hafenarbeiter musste in Kurzarbeit geschickt werden. Der JadeWeserPort mutierte zum Geisterhafen.

Doch ab dem ersten Quartal 2015 verbesserte sich die Auslastung deutlich, und 2016 schrieben die Gazetten von einer „Wiederauferstehung". Der WeserJadePort brummte, weil die größten der „Riesenpötte" Schwierigkeiten hatten, Hamburg voll beladen anzulaufen, und er profitierte von einem schweren Unfall in Bremerhaven. Für 2016 erwartete der Terminal-Betreiber Eurogate einen Umschlag von mindestens 500 000 der Twenty-foot Equivalent Unit genannten Stahlboxen. Zum Vergleich: In Hamburg werden im gleichen Zeitraum rund neun Millionen Container über die Kaikanten gegangen sein …

Die schönsten Wattwanderungen

Land zwischen Ebbe und Flut

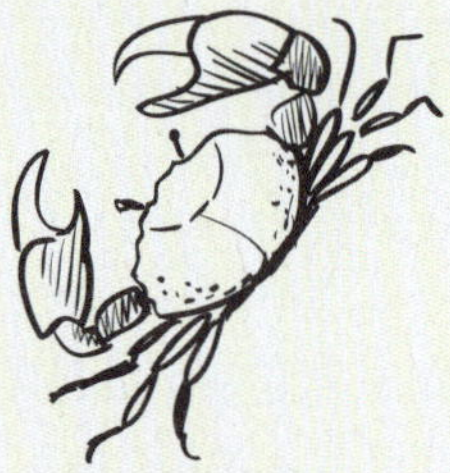

Spazierengehen auf dem Meeresboden, das geht bei Ebbe im Watt der Nordsee. Wattwandern ist beliebt – auch wegen der Wattführer, die nicht nur eine Menge Wissen über diesen Lebensraum vermitteln, sondern oft auch Entertainer-Qualitäten besitzen. Von Alleingängen ins weite Watt wird dringend abgeraten, die Flut kommt schneller, als man denkt!

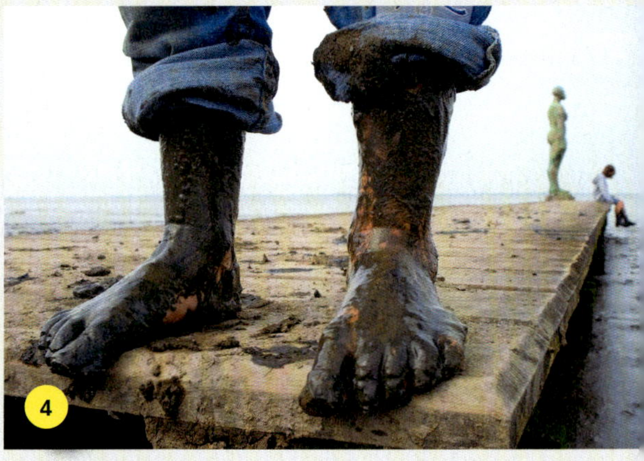

1 „Watt'n Konzert"

Wenn Albertus Akkermann sich aufmacht ins Watt, dann hat er meistens sein Akkordeon dabei. Das Borkumer Original kann nämlich nicht nur einiges über Flora und Fauna im Wattenmeer zu erzählen, der Mann mit dem markanten Vollbart ist außerdem Musiker und kann das Musizieren noch nicht mal im Watt lassen. Zur Freude der Gäste. Shanties, aber auch deutsche Rock-Klassiker wie Rio Reiser oder Element of Crime werden dann zwischen Wattwurm und Sandklaffmuschel intoniert. „Watt'n Konzert"!

Borkumer Kleinbahn und Dampfschiffahrt GmbH, Am Georg-Schütte-Platz 8 Borkum, Tel. 04922 3 09 13, www.borkumer-kleinbahn.de

2 Forschen im Wattlabor

Berend „Tüte" Baalmann und Nils Nörtemann von der Watthanse auf Borkum beginnen die Wattführungen bereits in den ihrer Meinung nach oft vernachlässigten Salzwiesen. Denn schließlich, so die Watthanse-Experten, beginne das Ökosystem Watt in eben jenen Übergangsgebieten zwischen Land und Meer. Im Wattlabor lernen die Teilnehmer, „bewaffnet" mit Binokularlupe und Mikroskopierbesteck die Geheimnisse der Wunderwelt Wattenmeer kennen. Für Menschen mit Gehbehinderung werden Touren im Wattrollstuhl angeboten.

Watthanse Eventmanagement, Specksniederstrate 3, Borkum, Tel. 0170 2 11 81 58, www.watthanse.de

3 Zwerge und Strand-detektive

Das Nationalparkhaus in Norddeich bietet spezielle Wattwanderungen für Kinder aller Altersstufen an. Die Allerkleinsten lernen das „Watt für Zwerge" genau so auf einer altersgerechten Führung kennen, wie die etwas älteren „Strand-Detektive" und die jugendlichen Experten auf der „Wattwanderung XXL". Dabei werden die Lebewesen im Schlick genauestens unter die Lupe genommen, spielerisch wird das Leben der Seehunde im Watt nähergebracht.

Seehundstation Nationalpark-Haus, Dörper Weg 24, Norden-Norddeich, Tel. 04931 97 33 30, www.seehundstation-norddeich.de

4 Bis zu den Knien im Watt

Dangast und sein Kurhaus sind ein bisschen anders als andere Urlaubsorte an der Nordsee. Auch das Watt am Jadebusen ist speziell. Es ist vielfach so schlickig, dass der Wattwanderer bis zu den Knien in der „Matschepampe" einsinkt. Entsprechend anstrengend sind die Touren von Dangast aus, zum Beispiel zum Arngaster Leuchtturm. Gut, dass es da auch das Angebot gibt, mit der „Etta von Dangast" zurückzufahren. Auch das ein Erlebnis, weil Kapitän Anton Tapken immer reichlich was zu erzählen hat.

Kurverwaltung Dangast, Edo-Wiemken-Straße 61, Varel-Dangast, Tel. 04451 91 14 13, www.dangast.de

5 Wattwurm in Gefahr?

Weltweit vergiftet der Wohlstandsmüll, insbesondere der Plastikmüll, die Meeresbewohner in den Ozeanen – im Pazifik genau so wie im Wattenmeer vor der ostfriesischen Küste. Insbesondere der für das Ökosystem so immens wichtige Wattwurm scheint dadurch bedroht zu sein. Das Nationalpark-Haus in Carolinensiel bietet zu diesem Thema eine spezielle Wattwanderung an. „Plastik im Watt – Wattwurm in Gefahr?" lautet die Frage, die kompetente Führer zu beantworten versuchen. Der rotbraun gefärbte Wattwurm kann zwischen 20 und 40 Zentimeter lang werden. Es nimmt ständig Wattboden auf und lebt von den darin enthaltenen organischen Stoffen. Nicht nur Angler schätzen den im oberen Teil etwa fingerdicken Wattbewohner als Köder, viele Vögel versuchen bei Ebbe seiner habhaft zu werden.

Nationalpark-Haus, Pumphusen 3, Carolinensiel, Tel. 04464 84 03, www.wattwelt.de

6 Wattverrückte Familie

Sie nennen sich selbst wattverrückt, die Mitglieder der Familie Ortelt aus Dornum, und sie sind selbst fast täglich im Watt unterwegs, wenn ausnahmsweise mal keine Gäste die Wunderwelt Wattenmeer mit ihrer Hilfe erkunden wollen. Die Ortelts bieten Touren vom Festland zu den Inseln Baltrum, Norderney und Spiekeroog an. Besonders reizvoll ist die Rückfahrt mit der Fähre von Baltrum, von der aus man häufig die Seehunde auf der großen Sandbank der Nachbarinsel Norderney beobachten kann.

Hans Ortelt, Buchenweg 7, Dornum, Tel. 04933 17 06, www.wattfuehrer.com

7 Watt weitab der Nordsee

Watt gut 50 Kilometer von der Nordseeküste entfernt, das gibt es im Aper Tief. Entstanden ist das einzige Süßwasserwatt Ostfrieslands 2005 durch die Rückverlegung eines Deiches, um eine Freifläche für mögliche Überschwemmungen zu schaffen. Der Grünlandnutzung entzogen, konnte sich wieder eine natürliche Flussauenlandschaft entwickeln mit Flusswatten und von Altarmen durchflossenen Auenwäldern. Durch regelmäßige, durch Ebbe und Flut bedingte Überschwemmungen einiger Geländeteile bildete sich hier eine ganz eigene Flora und Fauna, zu beobachten vom Turm des Pumpwerks sowie zwei Aussichts-Plattformen am Rand des Naturschutzgebiets.

Apen Touristik, Hauptstraße 203, Apen, Tel. 04489 73 73, www.apen.de

Maßstab 1:200.000
0 2 4km
Nationalpark Niedersächsisches Wattenmeer
Schutzzone I
Janssand
Neues Brack
Mellum-riffe
Mellum
Der Hohe Weg
Leuchtturm „Hohe Weg"
Leuchtturm „Hooksielplate"
Jade
Fedderwarder Fahrwasser
Robben-plate
ESENS
Neuharlingersiel
Harlinger Land
Elisabethgroden
Carolinensiel
Wangerland
Hooksiel
Jade-Weser-Port
Niedersachsenbrücke
Solthörner Watt
Wittmund
Jever
Schortens
Sande
WILHELMS-HAVEN
Butjadingen
Sander Watt
Leuchtturm Arngast
Jadebusen
Vareler Watt
Friedeburg
Zetel
Bockhorn
VAREL
WIESMOOR
Große-
Pfalzdorfer Moor
Friesische Wehde
Stadland
Ems-Jade-Kanal
1
2
3
4

Weitblick garantiert

Als des Preußenkönigs Flotte Mitte des 19. Jh. einen Hafen brauchte, stampfte man ihn am Jadebusen aus dem Boden. Fertig war Wilhelmshaven, auch heute noch der größte Stützpunkt der Bundesmarine. Beschaulicher geht es in den malerischen Sielhäfen entlang der Nordseeküste zu. Von deren Deichen aus lässt sich weit gucken.

1 Esens

Esens (7000 Einw.) blickt auf rund 1200 Jahre Geschichte zurück. Im Mittelalter war der Ort Sitz ostfriesischer Häuptlinge, unter Balthasar erhielt er im frühen 16. Jh. Stadtrecht. Die Altstadt mit ihren kleinen Giebelhäuschen lädt zum Flanieren ein.
Im Nordseeheilbad Bensersiel fährt nicht nur die Fähre nach Langeoog ab, der Küstenort besitzt auch einen imposanten Strand und einen Sportboot- und Fischkutterhafen.

SEHENSWERT
Sehenswert im Mitte des 18. Jh. erbauten **Rathaus** von Esens (Am Markt) ist der Ahnensaal. Die heutige **St.-Magnus-Kirche** (19. Jh.) beherbergt Ausstattungsstücke des Vorgängerbaus aus dem 15. Jh. (Am Kirchplatz 5, Tel. 04971 91 97 12; Ostern bis nieders. Herbstferien Di. und Do. 15.00–17.00, So. 11.00–12.00 Uhr).

MUSEEN
Das **Bernsteinmuseum** in Esens informiert nicht nur über Entstehung, Gewinnung und Bearbeitung des Schmuckmaterials, sondern bietet auch von Meisterhand gefertigte Schmuckstücke an (Herdestraße 10, Tel. 04971 22 78, www.bernstein-huus.de; April bis Okt. Mo.–Fr. 10.00–13.00 und 15.00–17.30, Sa. 10.00–13.00 Uhr).

VERANSTALTUNG
Das **Esenser Schützenfest** Anf./Mitte Juli zählt zu den größten ganz Niedersachsens.

INFORMATION
Kurverein Nordseeheilbad Esens-Bensersiel, Am Strand 8, 26427 Bensersiel, Tel. 04971 91 70, www.bensersiel.de

2 Neuharlingersiel

Herzstück ist der Hafen mit malerischen Fischerhäusern und bunten Kuttern. Entstanden ist der 1693 erstmals erwähnte Sielort im Zuge der um 1550 begonnenen Eindeichung der Harlebucht, 1362 bei der Zweiten Marcellusflut tief ins Land gerissen. Bereits 1792 legten hier die Fähren zur Insel Spiekeroog ab.

SEHENSWERT
Neben dem **Hafen** ist der **Sielhof** und vor allem der **Park** um das Herrenhaus aus dem späten 18. Jh. lohnendes Ziel (März–Okt.).

Der Jeveraner Blaudrucker Georg Stark (links oben). Bernstein aus Esens (links unten). Blick in Esens Magnuskirche (rechts)

MUSEEN
Das **Buddelschiffmuseum** kann mit bald 100 Modellen unterschiedlicher Größe und Bauart aufwarten (Am Hafen West 7, Tel. 04974 224, www.buddelschiffmuseum.de; April–Okt. tgl. 10.00–13.00 und 13.30–17.00 Uhr). Im **Rettungsschuppen** am Hafen West zeigt die **Deutsche Gesellschaft zur Rettung Schiffbrüchiger** eine Ausstellung maritimer Rettungsgeräte, Wrackteile, Schiffsmodelle und historischer Dokumente (Tel. 04974 430; tgl. ab 10.00 Uhr). Die DGzRS wurde 1865 gegründet, hat seither mit ihren Rettungskreuzern rund 80 000 Menschen gerettet und finanziert sich bis heute ausschließlich aus Spenden – was man beim Blick auf die überall an der Küste stehenden Spendenschiffchen bedenken sollte.

AKTIVITÄTEN
Das **BadeWerk** ist Neuharlingersiels Wellness-Oase (Edo-Edzards-Straße 1, Tel. 04974 1 88 60, www.badewerk.de).

VERANSTALTUNG
Seit über 40 Jahren laden die Kutterkapitäne Ende Juli zur traditionellen **Kutterregatta.** Der schnellste Kutter wird mit dem „Blauen Band von Neuharlingersiel" ausgezeichnet.

UMGEBUNG
Am Neuharlingersieler Tief liegt die **Seriemer Mühle,** auch „De goede Verwagting" („Die gute Erwartung") genannt, die heute eine Teestube beherbergt (tgl. 11.00–18.30, Teestube April–Okt. Mo.–Fr. 13.00–18.30, Sa. und So. 10.30–18.30 Uhr).

INFORMATION
Kurverein, Edo-Edzards-Straße 1, 26427 Neuharlingersiel, Tel. 04974 18 80, www.neuharlingersiel.de

3 Jever

Erstmals 1158 erwähnt, ist Jever heute – im Wortsinn – in aller Munde. 1848 wurde die gleichnamige Brauerei gegründet. Die gemütliche Kreisstadt mit rund 14 000 Einw. zählt zum Landkreis Friesland. Unter anderem Sachsen und Hannoveraner hatten im Mittelalter die Herrschaft über Jever und das Jeverland, ehe das „Fräulein Maria", Erbtochter eines Häuptlings, Anfang des 16. Jh. dafür sorgte, dass Jever seine Unabhängigkeit wiedererlangte und 1536 sogar Stadtrecht erhielt. Bis heute trägt die Stadt im Nordosten der ostfriesischen Halbinsel den Beinamen „Marienstadt".

Tipp

Reisen bildet!

So heißt es doch. In Ostfriesland können Urlauber sogar ihr Abitur machen. Im Straßenweitboßeln und im Straßenzielboßeln müssen sich die Aspiranten versuchen, im „Bessensmieten" (Besenwerfen) und im Padstockspringen; der Sprung mit dem fast 4 m langen Padstock – früher Hilfsmittel der Bauern, um über die Gräben zu gelangen – gehört zu den Höhepunkten. Es folgt das Melken an der Fertigmilchkuh „Elsa", einer geduldigen Dame aus Holz; Milch gibt sie erstaunlicherweise auch, wenn man sich nicht allzu ungeschickt anstellt. Theoretischer geht es bei der Plattdeutsch-Prüfung und der Ostfrieslandkunde zu. Mit der ostfriesischen Teezeremonie und dem Krabbenpulen warten noch zwei Tests aus der kulinarischen Abteilung. Bierernst geht es dabei weiß Gott nicht zu. Und die Durchfallquote ist gering.

INFORMATIONEN UND ANMELDUNG
bei der Tourist-Information Wittmund, Am Markt 15, Tel. 04462 98 31 25, www.wittmund-tourismus.de (Stichwort Reisemagazin)

SEHENSWERT

„Fräulein Maria" war maßgeblich für den Ausbau des **Schlosses** verantwortlich, mit seinem 67 m hohen Zwiebelturm von 1736 Wahrzeichen der Stadt; urspr. eine Festung aus dem 14. Jh., ließ die friesische Regentin das Gebäude Mitte des 16. Jh. im Renaissancestil umgestalten (heute Museum). Zu ihrem 400. Geburtstag setzten die Jeveraner Maria nicht nur ein Bronzedenkmal, zu ihren Ehren erklingt auch jeden Abend das Marienläuten, sommers um 22.00, winters um 21.00 Uhr. Das **Rathaus,** ebenfalls mit Renaissancefassade, wurde im frühen 17. Jh. errichtet. Am Alten Markt steht der 1995 von Bonifatius Stirnberg entworfene und errichtete **Sagenbrunnen**; jede der fünf Figuren, darunter auch Fräulein Maria von Jever, illustriert eine Sage der Region.

MUSEEN

Das **Schlossmuseum** präsentiert eine umfangreiche Sammlung zur Kultur- und Landesgeschichte des Jeverlandes (Schlossplatz, Tel. 04461 96 93 50, www.schlossmuseum.de; Mitte Mai–Mitte Okt. tgl. 10.00–18.00 Uhr, sonst Mo. geschl., Führungen auch auf plattdeutsch; Schlossturm April–Okt. tgl. 11.00–17.00 Uhr). Das traditionsreiche Handwerk der Blaufärber kann in der **Blaudruckerei** bewundert werden (Kattrepel 3, Tel. 04461 7 13 88, www.blaudruckerei.de; Mo.–Fr. 11.00–17.00, Sa. 10.00 bis 14.00 Uhr). Das **Feuerwehrmuseum** zeigt historische Fahrzeuge und Gerätschaften zur Brandbekämpfung (Florianstraße 1, Tel 04461 91 84 84, www.feuerwehrmuseum-jever.de; März–Okt. tgl. 14.00–17.00 Uhr).
Im **Brauhaus zu Jever** mit seinen markanten verspiegelten Türmen können Besucher nach Voranmeldung den Arbeitern in der modernen Produktionsstätte über die Schulter gucken (2-Std.-Führung). Rund 60 000 Flaschen werden stdl. abgefüllt. Im angegliederten Brauereimuseum geht es ruhiger zu; es ermöglicht einen Blick in frühere Zeiten (Elisabethufer 18, Anmeldung Tel. 04461 1 37 11, www.jever.de; Mo.–Fr. 9.30–16.30 Uhr, Sa. 9.30–12.30 Uhr).

VERANSTALTUNGEN

In der Woche vor Ostern wird der traditionelle **Kiewittmarkt,** ein Volksfest, gefeiert und im Okt. der **Brüllmarkt** in Erinnerung an die früheren Viehmärkte. Alljährlich in der 32. Kalenderwoche feiert Jever sein Altstadtfest.
Der **Raddampfer „Concordia II"** schippert regelmäßig von Carolinensiel nach Harlesiel (Reederei Albrecht, Friedrichsschleuse 3a, Tel. 04464 942 97 41, www.reederei-albrecht.de).

HOTELS UND RESTAURANTS

Die **€ € / € Residenz** in Wittmund ist der richtige Ort, um nach den Mühen des Ostfriesenabiturs auszuruhen – in zentraler Lage und mit überdurchschnittlicher gutbürgerlicher Küche (Am Markt 13, 26409 Wittmund, Tel. 04462 88 60, www.residenz-wittmund.de). Vortrefflich speisen lässt es sich auch im historischen **€ Landhotel & Gasthof Oltmanns** in Friedeburg. Und wer nach den reichlichen Portionen zu müde zum Weiterfahren ist, der kann in einem gemütlichen Zimmer übernachten (Friedeburger Hauptstraße 79, 26446 Friedeburg, Tel. 04465 2 05, www.landhotel-oltmanns.de).

UMGEBUNG

Das Wangerland mit **Horumersiel-Schillig, Hooksiel** und **Minsen-Förrien** lockt mit langen Stränden und zahlreichen Freizeitmöglichkeiten vor allem Familien und Aktivurlauber. Einer der regionalen Höhepunkte sind die Hooksieler (Pferde-) Renntage im Juli/Aug. (www.hooksieler-rennverein.de).
Carolinensiels Hauptattraktion ist der malerische Museumshafen; dort befindet sich auch das Deutsche Sielhafenmuseum (Pumphusen 3, Tel. 04464 86 93 0, www.deutsches-sielhafenmuseum.de; Ende März–Anf. Nov. tgl. 10.00 bis 18.00 Uhr). Als Siele bezeichnet man die sich bei Flut schließenden Deichöffnungen zur Entwässerung des Hinterlandes.

INFORMATION

Tourist-Information Jever, Alter Markt 18, 26441 Jever, Tel 04461 939 26 12 65, www.stadt-jever.de
Wangerland Touristik Gesellschaft, Zum Hafen 3, 26434 Wangerland-Horumersiel, Tel. 04426 98 70, www.wangerland.de

4 Wilhelmshaven

Wilhelmshaven (82 000 Einw.) ist auf den ersten Blick keine Schönheit. Ein Besuch am Jadebusen lohnt sich dennoch aufgrund der vielfältigen Freizeitangebote und der besonderen Geschichte der Hafenstadt. Seit grauer Vorzeit siedelten Friesen auf dem heutigen Stadtgebiet. 1853 kaufte Preußen vom Großherzogtum

Prüfender Blick am Sudkessel: Jever-Brauerei (links). Wilhelmshaven: Kaiser-Wilhelm-Brücke (rechts oben) und Walskelett in Küstenmuseum (rechts unten)

Oldenburg ein Areal, um hier einen Stützpunkt für die preußische Marine zu errichten (1869 eingeweiht) – bis heute wichtigster Standort der Bundesmarine. Mit dem JadeWeserPort entstand nördl. Wilhelmshavens ein gigantischer Container-Terminal.

SEHENSWERT

Das **Rathaus**, liebevoll „Burg am Meer" genannt, ist ein imposantes Klinkerbauwerk (1929) des expressionistischen Architekten Fritz Högter; vom 49 m hohen Turm hat man einen weiten Blick (zzt. Sanierung). Städtisches Wahrzeichen ist die fast 160 m lange **Kaiser-Wilhelm-Brücke,** seit 1907 verbindet die Drehbrücke die Südstadt mit dem Südstrand.

MUSEEN

Das **Deutsche Marinemuseum** präsentiert auf dem Gelände der ehem. Kaiserlichen Werft die Geschichte der deutschen Marine; auf dem Freigelände sind diverse Kriegsschiffe zu besichtigen (Südstrand 125, Tel. 04421 40 08 40, www.marinemuseum.de; April–Okt. tgl. 10.00 bis 18.00, sonst tgl. 10.00–17.00 Uhr). Das **Küstenmuseum** ist dem Lebensraum Küste bis hin zum JadeWeserPort gewidmet (Weserstraße 58, Tel. 04421 40 09 40, www.kuesten museum.de; Febr.–Nov. 11.00–17.00 Uhr). Die **Kunsthalle** zeigt ein abwechslungsreiches Ausstellungsprogramm (Adalbertstraße 28, Tel. 04421 4 14 48, www.kunsthalle-wilhelmshaven.de; Di. 14.00–20.00, Mi.–So. 11.00–17.00 Uhr). Das **Aquarium** bietet eine interessante Reise durch die sieben Weltmeere (Südstrand 123, Tel. 04421 506 64 44, www.aquarium-wilhelms haven.de; tgl. 10.00–18.00 Uhr). Was Wind, Wasser und Gezeitenkräfte in Jahrtausenden geformt haben, zeigt das **UNESCO-Weltnaturerbe Wattenmeer Besucherzentrum** TOPZIEL (Südstrand 110b, Tel. 04421 9 10 70, www.wattenmeer-besucherzentrum.de; Juli und Aug. tgl. 10.00–18.00, April–Juni, Sept. und Okt. tgl. 10.00–17.00, Nov.–März Di.–So. 10.00 bis 17.00 Uhr).

VERANSTALTUNGEN

Das **Pumpwerk** ist einer der wichtigsten Veranstaltungsorte an der Küste. Künstler verschiedenster Genres treten hier auf (Banter Deich 1a, Tel. 04421 9 27 90, www.pumpwerk.de).

UMGEBUNG

Mit dem barocken **Schloss Gödens** befindet sich eines der schönsten Wasserschlösser (17. Jh.; Privatbesitz) der ostfriesischen Halbinsel in Sande (westl.; Tel 04422 9 86 40, www.schloss-goedens.de; stimmungsvoller Weihnachtsmarkt am ersten Adventswochenende). **Fedderwardersiel** mit seinem kleinen Hafen hat Charme bewahrt und liegt auf der Halbinsel **Butjadingen** (östl.; Tel. 04733 92 93 10 und www.butjadingen.de), Urlaubsziel für Freunde des Grünstrands und steigungsloser Radtouren.

INFORMATION

Wilhelmshaven-Touristik, Bahnhofsplatz 10, 26382 Wilhelmshaven, Tel. 04421 91 30 00, www.wilhelmshaven-touristik.de

Genießen Erleben Erfahren

DuMont Aktiv

Eine Seefahrt, die ist lustig

Eigentlich ist die wunderbare Seeluft an der ostfriesischen Nordseeküste und auf den Inseln nicht zu übertreffen – es sei denn man macht einen Tagestörn nach Helgoland, zur „Langen Anna" auf Deutschlands einziger Hochseeinsel.

„Eine Seefahrt, die ist lustig ..." Beim Ablegen mag man noch munter dieses Juxlied trällern, doch draußen auf hoher See kann einem das Singen schnell vergehen. Dringender Ratschlag an all jene, die nicht hochseetauglich sind: vorsorgen und ggfs. entsprechend Medikamente gegen Seekrankheit einnehmen. Wie alle anderen großen Schiffe auch, können die Ausflugsdampfer den Hafen des „Roten Felsens" nicht anlaufen, die Passagiere werden deshalb mit „Börtebooten" „ausgebootet".

Für Aktivisten bietet sich ein Spaziergang auf dem knapp drei Kilometer langen Klippenweg an. Ein besonderes Naturspektakel erwartet Helgoland-Gäste im Juni beim „Lummensprung". Fast immer kann man sich mit fangfrischem Hummer versorgen, zudem zollfrei einkaufen. Bei „Schietwetter" empfiehlt sich ein Besuch des Aquariums oder im „Mare frisicum Spa Helgoland". Für große und kleine Kinder ist das James-Krüss-Museum Pflicht.

Weitere Informationen

Im Zeitraum von Juni bis September startet die MS „Fair Lady" vom Außenhafen Hooksiel zu Tagesausflügen nach Helgoland. Informationen zu den rund zwei Dutzend Terminen erhält man bei der Reederei Cassen-Eils (Tel. 04721 3 50 82, www.cassen-eils.de). Reservieren (empfehlenswert!) kann man die Fahrkarten auch unter info@cassen-eils.de. Am Hafen in Hooksiel gibt es kostenlose Parkplätze.

MUSEUM

Garten- und andere Künste

„Blühende Landschaften" sind in den Parkgefilden des Ammerlandes keine leeren Versprechen. Am besten ist der abwechslungsreiche Landstrich aus Mooren, Parks, Gärten und Wäldern rund um das Zwischenahner Meer mit dem Fahrrad zu erkunden. Die alte Residenz- und junge Studentenstadt Oldenburg schafft es, Provinzialität durch Lässigkeit zu ersetzen. Von weit her reist man zum Schlendern, Einkaufen und Kunstgenuss in die Altstadt der regionalen Metropole.

Dem großen Sohn ein Denkmal:
Horst-Janssen-Museum in Oldenburg

Ob als „Draufgänger“ am Staugraben (links), als Hausbootbesitzer im Stadthafen (oben rechts) oder als Genießer in einem der Cafés in der Wallstraße (unten rechts): In Oldenburg lässt es sich gut leben

Geradezu heimelig gestrig
zeigt sich Oldenburg in der Bergstraße

Das Oldenburgische Staatstheater liegt am Rand der einladenden Altstadt

Bäume gibt es im Oldenburger Land nicht nur als „Windloper", als von der ewigen Brise krumm und schief geformte Exemplare, sondern auch als stattliche Wälder. Oder als Exoten in den blühenden Landschaften der Ammerländer Parks und Gärten. Im Hasbruch und bei Neuenburg kann man sogar durch Urwälder spazieren – und in der einstigen Residenz- und heutigen Universitätsstadt Oldenburg durch die älteste Fußgängerzone Deutschlands.

Dort spielt seit Jahrzehnten Waldemar auf – von Fans als Original bezeichnet. Andere finden, er sei eine einzige Nervensäge. Was die Stadt anbelangt, sind sich in „Ollnburch" Ansässige wie auch Besucher weitestgehend einig: Sie ist im Gegensatz zu Waldemars Gesängen ein echter „Hit". Was Spitzenplätze in diversen „Rankings" beweisen. Sogar die Nachbarn aus dem großen Bremen kommen wegen des besonderen Flairs gern zum Einkaufen und Bummeln. Als mitten im Zentrum die Shopping-Mall „Schlosshöfe" eröffnet wurde, fürchteten nicht wenige um die Existenz alteingesessener Einzelhändler. Doch letztendlich bewahrheiteten sich die Vorbehalte nicht. Auch wenn grundsätzlich eine gewisse „Filialisierung" stattgefunden hat – nach wie vor kann man in Oldenburgs City hervorragend in zahlreichen Traditionshäusern einkaufen. Oldenburg darauf zu reduzieren, wäre jedoch ungerecht. Denn Kultur wird hier groß geschrieben. Das Filmfest besitzt großes Renommee, die Kinder- und Jugendbuchmesse ebenfalls, das Staatstheater glänzt mit modernen wie traditionellen Inszenierungen, und neben dem obligatorischen Stadtfest gönnt sich Oldenburg auch einen Kultursommer. Und das mit der Musik ist ja sowieso Geschmacksache. Schließlich begann auch die Karriere von Dieter Bohlen einst in Oldenburg …

Das Hobby des Herrn Hobbie

Es war eine Handvoll Samen, die Dietrich G. Hobbie vor rund 80 Jahren in

Zum Zwischenahner Meer im Zentrum des Radlerparadieses Ammerland gehören Flanier- und Ausflugsmöglichkeiten genauso wie herrschaftlich strahlende Villen

Ammerländer Boden steckte. Sie hörten auf wohlklingende Namen und gehörten zur Gattung der Rhododendren. Es ist ein Glücksfall für das Ammerland, dass Herr Hobbie etwas von seinem Hobby verstand. Die Rhododendren gediehen prächtig. Weitere Samen fanden in die Norddeutsche Tiefebene und ins Ammerland, einer vielgestaltigen Landschaft aus Geest, Marsch, Mooren und Wäldern. Heute ist der Rhododendron-Waldpark der Familie Hobbie im Mai und Juni eine Symphonie aus Farben. Und das Ammerland mit seinen zahlreichen Parks, Gärten und Baumschulen ein Hochgenuss für Pflanzenliebhaber.

Folgenreiche Teufelstat

Das Zwischenahner Meer soll der Legende nach „Düwelswark", Teufelswerk, sein. Dieser habe Bäume aus dem Wald gerissen, um damit in Oldenburg eine neu errichtete Kirche zu zerstören. Auf dem Weg dorthin wurde er in seinem Vorhaben gestört und verlor seine Fracht. Die Kuhle im Wald hat sich inzwischen mit Wasser gefüllt, und über dem „Meer" schweben seither silberne Möwen, die als Schutzengel alles Böse von seinen Gestaden fernhalten. Schnickschnack, sagen die Wissenschaftler: Der See ist durch Salzauslaugungen entstanden, die zu einem Einsturz des Salzstockes und des darüber liegenden Deckgebirges geführt hatten.

Kohl und Pinkel

„Kohl und was bitte?" So lautet die bisweilen leicht hysterische Frage, wenn ahnungslosen Gästen in Ostfriesland „und umzu" die Spezialität Kohl und Pinkel offeriert wird. Zugegeben, es hört sich unappetitlich an, doch es handelt sich um eine wahrlich schmackhafte Angelegenheit. Pinkel ist eine geräucherte Grützwurst, die im Wesentlichen aus Speck, Hafer- oder Gerstengrütze, Schweineschmalz, Zwiebeln und diversen Gewürzen besteht.

Rein theoretisch könnte man zum Kohl- und Pinkelessen ohne Umschweife

Traditionsbewusste Korntrinker bevorzugen seit jeher einen Zinnlöffel

Ammer- und Saterland gelten als ruhige, bäuerlich geprägte Landstriche – ideal also für eine Spritztour auf dem Zweirad

Ein Urwald mitten in der Norddeutschen Tiefebene – der Hasbruch ist ein solcher

Versuchen kann man es ja mal – aber Rhododendronblüten riechen nicht

Special

Ostfriesenwitze

Strom aus Watt

Borwin Bandelow hat in Tübingen Medizin studiert und beschäftigt sich heute mit den Abgründen der menschlichen Psyche. Wer könnte da auf den Gedanken kommen, dass der Wissenschaftler als Urvater der Ostfriesenwitze gilt? Bisweilen besitzen sie eine gewisse Komik, oftmals sind sie dagegen so platt wie das Land hinterm Deich. Beispiel gefällig: Warum holen Ostfriesen immer Schlick aus dem Meer? – Sie wollen daraus elektrischen Strom machen, sobald sie ein Kilo Watt beisammen haben.

Einst besuchte Bandelow hoffnungsfroh das Gymnasium zu Westerstede, was historisch zu Oldenburg zählte. Jedes Kind dort weiß, dass sich Oldenburger und Ostfriesen über Jahrhunderte nicht grün waren. Während einer Klassenfahrt sei es deshalb zu erheblichen Frotzeleien mit Jugendlichen aus dem ostfriesischen Remels gekommen. Bald darauf schrieb Bandelow mit spitzer Feder in der Schülerzeitung „Trompeter" in der Rubrik „Aus Forschung und Lehre" erstmals über den „Homo ostfrisiensis". Man kann sich vorstellen, dass dieser dabei nicht besonders gut wegkam.

Der oftmals sehr derbe Spott, den Bandelow und seine Mitstreiter über die Ostfriesen ausbreiteten, schwappte in den 1970er-Jahren wie eine Flutwelle über ganz Deutschland. Die Ostfriesen lachten allerdings meist herzhaft mit – so sollen die besten Ostfriesenwitze von Ostfriesen selbst stammen.

In Ordnung, einen hab ich noch: Warum gibt es in Ostfriesland Ebbe und Flut? – Als das Meer vor langer Zeit erstmals Ostfriesen sah, hat es sich erschrocken ganz weit zurückgezogen. Und nun kommt es jeden Tag zweimal zurück, um nachzusehen, ob diese Wesen immer noch da sind.

den nächstbesten Gasthof ansteuern. Das jedoch ist alles andere als stilecht. Und es gehört sich genau so wenig, wie den Grünkohl, auch Braunkohl genannt, schon vor dem ersten Frost zu essen. Vor dem Gaumenschmaus jedenfalls, so ein ungeschriebenes Gesetz, geht es auf Kohlfahrt. Wobei weniger gefahren, sondern mehr gewandert und gern auch getrunken wird. Der erfahrene Kohlfahrer zieht zum Zwecke des Transports alkoholischer Getränke einen Bollerwagen hinter sich her. Den Korn (ostfriesisch: Kööm) trinkt er vorzugsweise an Wegkreuzungen aus Schnapsgläsern oder Eierbechern, die er sich in weiser Voraussicht an einem Tüdelband um den Hals gehängt hat. Man verbindet das Kulinarische mit dem Geselligen, oft auch mit sportlichen Aktivitäten, vorzugsweise dem Boßeln. Dass die Ergebnisse von Wegkreuzung zu Wegkreuzung immer unbefriedigender werden, versteht sich von selbst. Am Ende einer erfolgreichen Kohlfahrt bekommt ein Teilnehmer, traditionell der- oder diejenige mit dem gesegnetsten Appetit, einen Schweinekieferknochen am Band verliehen. Der neue Kohlkönig bzw. die neue Kohlkönigin ist damit verpflichtet, das Grünkohlessen der kommenden Saison zu organisieren – was den meisten angenehme Bürde zu sein scheint.

DUMONT THEMA

TEE IST VIEL MEHR ALS NUR EIN GETRÄNK

Sahnewölkchen und Wohlklang

Als Ehre gilt es in Ostfriesland, zum Tee eingeladen zu werden. Bekommt man als Ostfriese oder auch als „Außerfriesischer“ bei einer traditionsbewussten Familie nach einer Viertelstunde noch keinen Tee angeboten, ist man mit ziemlicher Sicherheit nicht willkommen.

Ein Ausflug in die Vergangenheit: im Geschäft des Teemuseums von Leer (oben) und im Ostfriesischen Teemuseum in Norden (unten)

Tee wird in Ostfriesland nicht getrunken, das Teetrinken wird zelebriert. Gemütlich sollte es sein zur „Teetied", am Nachmittag oder auch beim „Elführtje" am Vormittag. Sich selbst einzuschenken, gilt als höchstes Banausentum. Als erstes wandert Kandis in die Tasse. Je größer das Stück desto gern gesehener der Gast, sagt man. Ein leises Klingeln, ein Knistern ertönt, wenn die heiße Flüssigkeit auf den „Kluntjes" trifft. So ungefähr, könnte es klingen, wenn ein Edelstein zerbricht. „Wohlklang" nennen es die Ostfriesen schlicht und ergreifend. Auch die Sahne wird nicht einfach so in die feinwandige Tasse gekippt, sondern mit einem angewärmten Löffel, dem „Rohmlepel", aufgelegt. Wie in einem Gemälde verteilt sich das „Sahnewölkchen".

Mit Kandis und „'n Wulkje Rohm", man trinkt den Tee hier so, weil „dat so mutt". Was dagegen überhaupt nicht sein muss, ist, mit dem Löffel in dem Kunstwerk herumzurühren. Getrunken wird in drei Abteilungen. Zuerst die milde Sahne an der Oberfläche, dann die Mitte, wo sich der eher herbe, intensive Geschmack des Tees entfaltet. Als „Nachtisch" etwas Süßes – den teilweise aufgelösten Kandis in einer Pfütze Tee. „Dree is Oostfreesenrecht", heißt es – zweimal darf man also nachbitten.

1610 brachten erstmals Schiffe der „Niederländischen Ostindien-Kompanie" Tee nach Europa. Seit Beginn des 18. Jahrhunderts importierten die Ostfriesen die kostbaren Blätter selbst. Längst gibt es genug Tee für alle, und so liegt die Hauptaufgabe der Teetester darin, jedes Jahr aufs Neue eine exakt gleich schmeckende Mischung zu zaubern, was der Quadratur des Kreises gleichzukommen scheint. Sie schaffen es trotzdem. 50 000 Teesorten sind jedes Jahr auf dem Markt. Und keine schmeckt genau so wie im Vorjahr. Also muss immer wieder neu getestet und gemischt werden. Denn schmeckt den Ostfriesen ihre Mischung – in der Hauptsache aus Assam-, Ceylon- und Darjeeling-Tees komponiert – anders als gewohnt, hagelt es harsche Beschwerden.

Bei der Teeprobe in der Teeimportfirma Uwe Rolf in Aurich

Museen

Bünting Teemuseum, Leer, Brunnenstraße 33, Tel. 04931 9 92 20 44, www.buenting-teemuseum.de; April–Okt., Mo.–Sa. 10.00–18.00, So. 14.00–17.00 Uhr
Ostfriesisches Teemuseum, Norden, Am Markt 36, Tel. 04931 1 21 00, www.teemuseum.de; tgl. 10.00–17.00, Teezeremonie Di., Mi. und Sa 14.00 Uhr
TeeMuseum, Sammlung Oswald-von Diepholz, Norden, Am Markt 33, Tel. 04931 1 38 00, www.teemuseum-norden.de; Ostern–Okt. tgl. 12.00–17.00, Führungen Di.–So. 14.00 Uhr

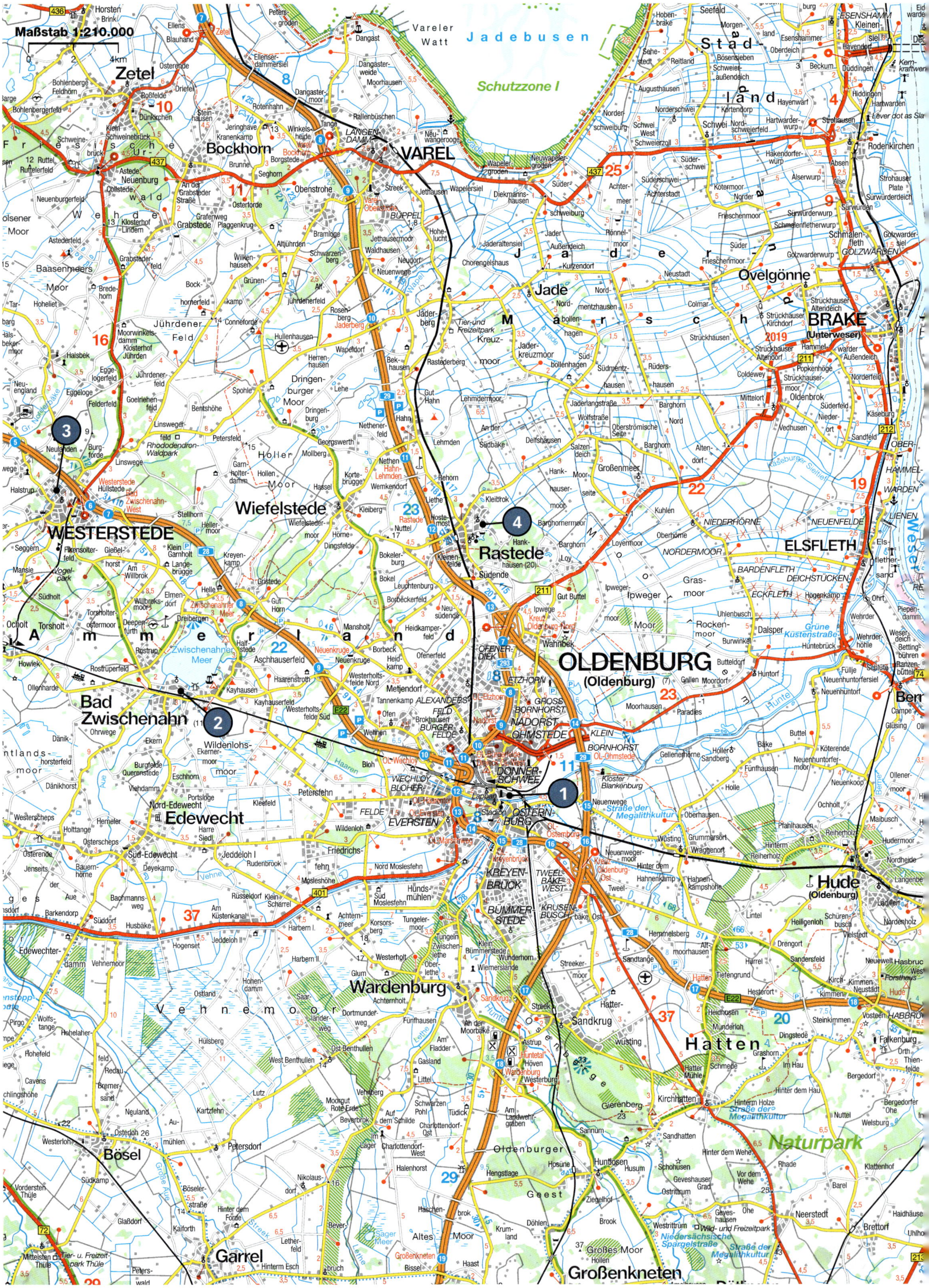

Maßstab 1:210.000
0
2
4km
Jadebusen
Vareler Watt
Schutzzone I
Zetel
Bockhorn
VAREL
Friesische Wehde
Jade
Jader Marsch
Stadland
Ovelgönne
BRAKE (Unterweser)
Wiefelstede
Rastede
WESTERSTEDE
Ammerland
Zwischenahner Meer
Bad Zwischenahn
OLDENBURG (Oldenburg)
ELSFLETH
Edewecht
Hude (Oldenburg)
Wardenburg
Vehnemoor
Hatten
Sandkrug
Bösel
Garrel
Großenkneten
Oldenburger Geest
Naturpark
Weser
Hunte
Straße der Megalithkultur
Grüne Küstenstraße
Niedersächsische Spargelstraße
1
2
3
4

Wo das Land zum Park wird

Vom Zweiten Weltkrieg weitgehend verschont, strahlt die einstige Residenzstadt Oldenburg in klassizistischem Glanz und ist Einkaufsparadies und Kulturmetropole zugleich. In der Parklandschaft des Ammerlandes lässt man sich nach einer Radtour oder einer Dampferfahrt am Zwischenahner Meer den „Smoortaal" schmecken.

1 Oldenburg

Erwähnt wurde die „Stadt mit Herz" 1108, erste Siedlungen sollen bereits im 8. Jh. bestanden haben (Stadtrecht 1345). Heute ist der Universitätssitz mit über 160 000 Einw. viertgrößte Stadt Niedersachsens. Eine Blütezeit erlebte Oldenburg ab der ersten Hälfte des 17. Jh., als es Graf Anton Günther gelang, den Dreißigjährigen Krieg von der Stadt fernzuhalten. Ab 1667 in dänischem Besitz und durch einen Großbrand weithin zerstört, wurde Oldenburg 1773 Herzogtum (1815 Großherzogtum) und ab 1785 als Residenzstadt Herzog Peter Friedrich Ludwigs im klassizistischen Stil umgestaltet. Vom Zweiten Weltkrieg weitgehend verschont, gehört die Stadt seit 2005 zur Metropolregion Bremen/Oldenburg und bekam 2009 den Titel „Stadt der Wissenschaften" verliehen.

Die Lambertikirche bildet Oldenburgs Zentrum (links). Oldenburger Ökomarkt (rechts oben) und Universität (rechts unten)

SEHENSWERT

Oldenburg versprüht ein ganz besonderes und keineswegs provinzielles Flair. Seit Gründung der Carl-von-Ossietzky-Universität Anf. der 1970er-Jahre haben die bald 14 000 Studenten zusätzlich Schwung in die Stadt gebracht. 1967 wurde fast die komplette **Altstadt** TOPZIEL – als erste überhaupt in Deutschland – zur Fußgängerzone. Hier lässt es sich wunderbar bummeln und einkaufen. Cafés und Kneipen laden zum Verweilen. Sehenswert ist das neugotische **Alte Rathaus** (Markt 1; 1886–1888), die Ende des 19. Jh. umgestaltete **Lambertikirche** (Urspr. 12. Jh.), das Fachwerk-**Degodehaus** (Markt 24) aus dem frühen 17. Jh. und das bis ins 19. Jh. immer wieder umgebaute und erweiterte **Oldenburger Schloss** (Schlossplatz 1) samt Schlossgarten.

MUSEEN

Das **Horst-Janssen-Museum** präsentiert die vielschichtigen Werke des in Oldenburg aufgewachsenen Multitalents (Am Stadtmuseum 4, Tel. 0441 235 28 91, www.horst-janssen-museum.de; Di.–So. 10.00–18.00 Uhr). Kunstwerke aus diversen Epochen sind im **Landesmuseum für Kunst und Kulturgeschichte** zu finden: Das **Schloss** (Schlossplatz 1) beherbergt die Dauerausstellung „Kulturgeschichte einer historischen Landschaft", im Neorenaissancebau des **Augusteums** (1856 1857; Elisabethstraße 1) sind Teile der einst Großherzoglichen Sammlung – Mittelalter bis Neuzeit – zu sehen. Kunst des 19. und 20. Jh. wird im klassizistischen **Prinzenpalais** ausgestellt (Damm 1, Tel. 0441 2 20 73 00, www.landesmuseum-oldenburg.niedersachsen.de; Di.–So. 10.00–18.00 Uhr). Das **Landesmuseum für Natur und Mensch** bietet einen Einblick in die Natur- und Kulturgeschichte Nordwestdeutschlands (Damm 38, Tel. 0441 9 24 43 00, www.naturundmensch.de; Di.–Fr. 9.00–17.00, Sa. und So. 10.00–18.00 Uhr). Das **Stadtmuseum** spiegelt die Entwicklung Oldenburgs (Am Stadtmuseum 4, Tel. 0441 2 35 28 86; Di. bis So. 10.00–18.00 Uhr). Das **Edith-Ruß-Haus für Medienkunst** hat sich der Kunst mit Neuen Medien gewidmet (Katharinenstraße 23, Tel. 0441 2 35 32 08, www.edith-russ-haus.de; Di. bis Fr. 14.00–18.00, Sa. , So. 11.00–18.00 Uhr).

HOTEL UND RESTAURANTS

Empfehlenswert ist das **€ € € / € € Altera-Hotel** (Herbartgang 23, Tel. 0441 21 90 80, www.altera-hotels.de). In den Räumen des früheren Delikatessengeschäfts Klöter bietet Michael Schmitz vom „Altera" in seiner **€ € € Brasserie & Vinothek** Erlesenes (Herbartgang 6, Tel. 0441 21 90 84 00, www.schmitz-oldenburg.de). Eine Institution ist das **€ € € /€ € Ristorante Pizzeria Mamma Mia** (Markt 19, Tel. 0441 1 54 70, www.mamma-mia.de).

AKTIVITÄTEN

Der Kletterwald **Kraxelmaxel** in Kirchhatten (40 km südöstl.) bietet auf 57 Stationen „alpines" Training für Groß und Klein (Kreyenweg 10, Tel. 04482 98 03 04, www.kraxelmaxel.de).

VERANSTALTUNGEN

Im **Oldenburgischen Staatstheater** wird Oper, Operette, Musical, Schauspiel, Tanz und Konzert gegeben; der neubarocke Bau von 1893 beherbergt drei Spielstätten: Großes Haus, Kleines Haus und Studiobühne (Theater-

wall 28, Tel. 0441 22 25 0, www.oldenburg.staatstheater.de). In der **Kulturetage** sind sowohl Eigenproduktionen als auch hochkarätige Gastkünstler zu sehen und zu hören (Bahnhofstraße 11, Tel. 0441 92 48 00, www.kulturetage.de). In der **Weser-Ems-Halle** „rocken" die Großen des Showgeschäfts, und im Herbst geben sich hier die weltbesten Reiter ein Stelldichein.
Das **Oldenburger Stadtfest** findet am letzten Aug.-Wochenende statt. Einen ganzen Monat steht Oldenburg im Zeichen des **Kultursommers.** Der traditionelle **Kramermarkt** Ende Sept./Anf. Okt. zählt zu den größten Volksfesten Deutschlands. Hunte statt Hollywood, Filmkunst statt Kommerz: Als eines der wichtigsten Filmfestivals Deutschlands hat sich das **Internationale Filmfestival Oldenburg** etabliert; im Sept. präsentieren überwiegend junge und experimentierfreudige Filmemacher ihre Werke (www.filmfest-oldenburg.de).

UMGEBUNG
Hudes (östl.) Sehenswürdigkeit ist die Ruine des 1232 errichteten Zisterzienserklosters (www.klosterhude.de). Mittelpunkt des imposanten Backsteinbaus bilden Überreste der im 16. Jh. zerstörten Klosterkirche. Von den Klosterbauwerk sind die Torkapelle und die Elisabethkirche in ihrer ursprünglichen Form erhalten. Wunderbare Spaziergänge lassen sich im **Hasbruch** machen, einem südl. Hudes gelegenen „Urwald". Bemerkenswert sind die zum Teil 1000-jährigen Eichen.
In **Elsfleth** an der Weser (nordöstl.) kann man der „Großherzogin Elisabeth" einen Besuch abstatten. Der Dreimast-Top-Gaffelschoner dient seit mehr als 150 Jahren als Ausbildungsschiff und lädt Segelinteressierte zu mehrtägigen oder auch zu Kurztrips ein (Tel. 04404 98 86 72, www.grossherzogin-elisabeth.de).
Das Wahrzeichen **Brakes** (30 km nordöstl.) weiter weserabwärts ist der Telegraph, vor Einführung des Funkverkehrs die optische Signalvermittlung zwischen Bremerhaven und Bremen. Heute beherbergt das Backsteingebäude von 1846 an der Kaje einen Teil des Schifffahrtmuseums der oldenburgischen Unterweser. Der andere Teil ist im Borgstede-&-Becker-Haus (Breite Straße 9) zu finden (www.schiffahrtsmuseum-brake.de; April bis Okt. Di.–So. 10.00–17.00, Nov.–März Di.–Sa. 11.00–17.00, So. und Fei. 10.00–17.00 Uhr).

Tipp

Golf für jedermann

Die Anlage „Golf in Hude" bietet etwas Außergewöhnliches. Hier können sich „Rookies" nicht nur auf der Driving Range, sondern auch ohne jede Vorkenntnisse auf einem 9-Loch-Platz versuchen. Gestandene Golfer finden eine gepflegte 18-Loch-Anlage vor. Und wer meint, an seinem Spiel sei etwas zu verbessern, für den gibt es Trainer.

WEITERE INFORMATION
Golf in Hude, Lehmweg 1, Tel. 04408 92 90 90, www.golfinhude.de

Bad Zwischenahn: St.Johannes am Markt (links) und Spieker des Freilichtmuseums (rechts oben). Aalräucherei in Dreibergen (rechts unten)

INFORMATION
Tourist-Information, Schlossplatz 16, 26122 Oldenburg, Tel. 0441 36 16 13 50, www.oldenburg-tourist.de

2 Bad Zwischenahn

Erstmals 1124 erwähnt, darf Zwischenahn (27 000 Einw.) seit 1919 den Titel „Bad" tragen. Das Zwischenahner Meer, mit 526 ha Niedersachsens drittgrößtes Binnengewässer, gilt als die „Perle des Ammerlandes". Fast durchgängig von einem Schilfgürtel umzogen, bietet es zahlreichen Vogelarten Lebensraum. Im See tummeln sich neben Aalen, der Spezialität der Region, Karpfen, Zander, Barsch oder Hecht. Wanderer, Radfahrer oder auch Wassersportler kommen an der klaren Luft auf ihre Kosten. In der Hauptsaison geht es auf der Promeniermeile Peterstraße recht trubelig zu.

SEHENSWERT
Wahrzeichen ist die **Pfarrkirche St. Johannes** aus dem frühen 12. Jh.; 1469 entstand der Glockenturm. Sehenswert ist das Fresko „Das Jüngste Gericht" über dem Altar im Chorgewölbe (1512), lange übermalt und erst 1904 freigelegt und restauriert. Im **Alten Kurhaus** (1874) in einem ausgedehnten Park finden Vorträge, Konzerte, Ausstellungen und Seminare statt. Die zweigeschossige **Holländer-Windmühle** stammt von 1811.

MUSEUM
Einen anschaulichen Eindruck in die bäuerliche Lebenskultur der Zeit um 1700 bekommt man im **Freilichtmuseum** mit seinen 14 Gebäuden, darunter verschiedene Bauernhäuser und diverse Nebengebäude wie eine Schmiede (Tel. 04403 20 71, www.ammerlaender-bauernhaus.de; Bauernhaus April–Sept. tgl. 10.00–18.00, März und Okt. tgl. 11.00–17.00 Uhr, weitere Gebäude kürzer geöffnet).

RESTAURANTS
Das Sterne-Restaurant **€ € € € Apicius** im Jagdhaus Eiden bietet regionale Spitzengastronomie. Gleich nebenan befinden sich die **€ € € / € € € Jäger- und Fischerstuben** (Eiden 9, Tel. 04403 69 80 00, www.jagdhaus-eiden.de).
Rustikaler geht es im historischen **€ € € / € € Spieker** TOPZIEL des Freilichtmuseums zu; Spezialität ist „Smoortaal", Aalfilet mit Rührei (Tel. 04403 23 24, www.derspieker.de).

UMGEBUNG
Vortrefflich lustwandeln lässt es sich im **Park der Gärten** im Ortsteil Rostrup am Westufer des Zwischenahner Meers – besonders im Mai und Juni, wenn die Rhododendren in voller Blüte stehen (Tel. 04403 81 96 10, www.park-der-gaerten.de; Mitte April–Anf. Okt. tgl. 9.30 bis 18.30 Uhr). Per Schiff oder auf dem Naturlehrpfad entlang dem Seeufer lohnt sich ein Ausflug nach **Dreibergen,** wo eine Burganlage aus dem 12. Jh. gestanden haben soll. Sehenswert sind auch die **Ekerner** (südl.) und die **Querenstedter Mühle** (südw.).

INFORMATION
Bad Zwischenahner Touristik Gesellschaft, Auf dem Hohen Ufer 24, 26160 Bad Zwischenahn, Tel. 04403 6 11 59, www.touristik-bad-zwischenahn.de

3 Westerstede

Westerstede wurde 1123 erwähnt. Stadtrecht hat die Kreisstadt (22 000 Einw.) des Landkreises Ammerland seit 1977. Wahrzeichen ist der 46 m hohe Glockenturm der St.-Petri-Kirche, bekannt ist der Erholungsort jedoch für seine prächtigen Parks und Gärten.

SEHENSWERT
Die romanisch-gotische **St.-Petri-Kirche** (1123 gestiftet) mit Wehrcharakter ist größte

Kirche des Ammerlandes; ihre Orgel von 1687 soll einen besonders schönen Klang haben. Hauptattraktion ist der **Rhododendron-Waldpark** in Linswege (nordöstl.). 1928 zog Parkgründer Dietrich G. Hobbie die ersten Pflanzen, inzwischen ist die Blütenpracht (Mai–Anf. Juni) mehrerer Hundert Rhododendron- und Azaleensorten zu bewundern, die hier auch zu erwerben sind (www.hobbie-rhodo.de; Mitte April–Mitte Juni tgl. 8.00–19.00 Uhr).

AKTIVITÄTEN
Im historischen **Schienenbus** geht es in gemächlicher Fahrt durch die Ammerländer Parklandschaft bis ins Saterland. Hobbylokomotivführer können ihr „Zugführerpatent" erwerben. (www.museumsbahn-ammerland.de und Tourist-Informationen von Bad Zwischenahn und Westerstede; April–Okt.).

VERANSTALTUNG
Alle vier Jahre findet im Mai die **Rhodo** statt (wieder 2018), die größte Rhododendron-Schau Europas; alle Rhododendren und Azaleen werden Ende April–Mitte Juni durchgängig am Blühen gehalten (www.rhodo.de).

INFORMATION
Touristik Westerstede, Am Markt 2,
26655 Westerstede, Tel. 04488 1 94 33,
www.westerstede.de

4 Rastede

Den heutigen Luftkurort (20 700 Einw.) wussten schon die Oldenburger Herzöge zu schätzen und machten ihn zur Sommerresidenz. Erwähnt wurde er erstmals zusammen mit der 1059 gestifteten St.-Ulrichs-Kirche. Rund 30 Jahre später folgte die Gründung eines Benediktinerklosters. Rastede war über Jahrhunderte das geistige Zentrum der Region.

SEHENSWERT
Die **St.-Ulrichs-Kirche** zählt zu den kulturhistorisch bedeutendsten Bauwerken der Region. Sie birgt eine frühromanische dreischiffige Krypta und zeichnet sich durch ihren aufwendig gestalteten Kirchenraum im Rokokostil aus. Wenige Schritte von dem aus ehem. Klosterbauten entstandenen klassizistischen **Schloss** (18. Jh. und um 1816) entfernt, lädt das Ende des 18. Jh. errichtete **Erbprinzenpalais** zu diversen Ausstellungen (Mi.–Fr. und So. 11.00–17.00 Uhr).

MUSEUM
Der 1666 erbaute Fabricius-Hof ist eher bekannt unter dem Namen **Jan Pastor sin Hus.** Seit 1990 beherbergt das Fachwerkhaus ein **Bauernhofmuseum** (Raiffeisenstraße 60, Tel. 04402 8 12 61, www.bauernmuseum-rastede.de; März–Okt. Fr. und So. 14.00–18.00 Uhr).

INFORMATION
Residenzort Rastede, Kleibroker Straße 1,
26180 Rastede, Tel. 04402 93 98 23,
www.rastede-touristik.de

Genießen Erleben Erfahren

DuMont Aktiv

Windiges Paradies

Für Radler sind Berge die „natürlichen Feinde des Radfahrers". Ostfriesland und das Oldenburger Land sind platt wie ein Pfannkuchen und von daher eigentlich radfahrerfreundlich – wenn nicht meist und dann auch noch von vorne ein kräftiger Wind bliese …

Kein Hügel verstellt den Horizont, die härtesten „Anstiege" führen über Autobahnbrücken. Ein Paradies für Radfahrer, wenngleich auch dort eine Art „Feind" lauert: der Wind, besser gesagt: der Gegenwind. Überwiegend weht er aus südwestlicher Richtung und vor allem an der Küste sollte man die Windverhältnisse bei der Routenplanung einbeziehen. Schließlich gibt es kaum etwas Besseres, als sich vom Rückenwind treiben zu lassen. Im Landesinneren bläst es zumeist nicht so stark.

Ganz besonders bietet sich das Ammerland für Radtouren an. Die Region wartet mit einer Vielzahl an idyllischen und bestens ausgeschilderten Routen auf, darunter zwei „Rhododendron-Routen". Eine zieht sich über rund 46 km, die zweite Variante ist mit 35 km etwas kürzer. Auf der längeren Strecke passiert man die Rhododendron-Schaugärten in Linswege, Gristede und Rostrup. Der kürzere Weg führt u. a. zur gartenhistorisch bedeutenden Rhododendron-Hecke des Rasteder Schlosses und zum Landschaftsfenster „Wallhecken" bei Wiefelstede. Auf beiden Routen wird der Radler auf kleinen Straßen und Wirtschaftswegen ohne nennenswerte Steigungen durch eine abwechslungsreiche Landschaft geleitet. Als Ausgangspunkte bieten sich Westerstede, Bad Zwischenahn, Rastede oder Wiefelstede an.

Weitere Informationen

Die Ammerland-Touristik bietet Rundtouren mit Übernachtung und Hoteltransfers, spezielles Kartenmaterial und GPS-Daten zum Download (www.ammerland-touristik.de). Viele Hotels sind als fahrradfreundliche Betriebe klassifiziert. In zahlreichen Service-Stationen können Räder geliehen werden – auch E-Bikes, die Gegenwind konditionssparend ausgleichen. Tafeln an den Strecken bieten Informationen zur Region, „Landschaftsfenster" auf begehbaren Türmen Blicke über das Ammerland.

Radwege führen bis in den Neuenburger Urwald zwischen Oldenburg und Wilhelmshaven

Friederike

Heimat von Traum-schiffen

Knochenhart war das Leben der ersten Moorkolonisten. Auch heute wird in Papenburg, Deutschlands ältester Fehnsiedlung, noch hart gearbeitet. Und gleichzeitig werden hier Träume produziert: Die Meyer-Werft baut die luxuriösesten Kreuzfahrtschiffe der Welt. Bald hinter Leer mit seiner schönen Altstadt beginnt das „Ende der Welt“. Und am Upstalsboom bei Aurich wurde einst so etwas wie Demokratie geprobt, ehe die Häuptlinge Ostfrieslands die Macht übernahmen und mit Piraten oftmals gemeinsame Sache machten.

Die Brigg „Friederike von Papenburg“ vor dem Papenburger Rathaus ist von der Lehrwerkstatt der Meyer-Werft nachgebaut worden

Aurichs altes Zentrum wird vom Lambertikirchturm überragt (links). Das traditionelle Bild der Leerer Altstadt blieb in der Rathausstraße erhalten (rechts)

Ende des 18. Jahrhunderts wurde der Chor der Leerer Lutherkirche erweitert, um dort auch eine Orgel einbauen zu können

Alle zwei Jahre treffen sich im vom Rathausturm überragten Hafen von Leer die Traditionsschiffe

Windmühlen gehören zur ostfriesischen Halbinsel wie der Wurm ins Watt oder die „Kluntjes“ in den Tee. Bereits im Jahr 1424 wurde in Esens die erste Mühle errichtet. Korn gemahlen wird heute allerdings nur noch selten in den historischen Bauwerken. Viele wurden jedoch sorgfältig restauriert, beherbergen nun Galerien, Teestuben oder auch Heimatmuseen. Als es noch kein Telefon gab, dienten die Mühlenflügel auch der Kommunikation. Je nach Stellung signalisierte der Müller in einer speziellen

„Klappern gehört zum Handwerk“ – dieser Satz gilt natürlich auch für die (Energie-)Müller heutiger Tage.

„Mühlensprache“, ob er eine Pause einlegen wollte oder gar nicht gedachte zu müllern, ob es Anlass zur Freude oder zur Trauer gab.

So kommunikativ sind die Rotoren der modernen Windenergieanlagen nicht, von denen hier fast 2000 angesiedelt sind – Tendenz steigend. Die Geschichte der Windenergie in Ostfriesland weist Parallelen zum Computer-Giganten Apple auf. Auch Aloys Wobben hat – wie Apple-Gründer Steve Jobs – in einer Garage begonnen, 1984 war das, in Aurich. Mit reichlich Visionen und einer Sekretärin in Teilzeit. Die Ostfriesen nahmen den „Daniel Düsentrieb des Windes“ zunächst nicht ernst, inzwischen ist Wobbens Enercon-Konzern größter Produzent von Windenergieanlagen in Deutschland und ein veritabler Jobmotor in der Region. Kritiker klagen über die „Verspargelung“ der Landschaft, Umfragen haben allerdings ergeben, dass sich die wenigsten Ostfriesland-Gäste daran stören.

Was zeichnet die ostfriesische Landschaft aus? Hohe Deiche und Windmühlen zur Stromgewinnung – so auch in Ditzum an der Emsmündung

Papenburgs Schifffahrtsmuseum ist über die Kanäle der Stadt verteilt. Eines der neun Nachbauten typischer Papenburger Schiffe ist die sogenannte Schonerkuff „Margaretha von Papenburg" am Hauptkanal

Die Skulptur „Tant' Dientje" in Ditzum ruft den arbeitsreichen Frauenalltag in Erinnerung

In der Ditzumer Mühle wird noch das Handwerk eines Windmüllers gezeigt

„Klappern gehört zum Handwerk", heißt es bekanntlich, und so haben die Touristiker inzwischen die modernen Anlagen in ihre „Mühlen-Tour" integriert, Führung und Fernsicht aus 60 Meter Höhe inklusive.

Am Ende der Welt

Im flachen Ostfriesland, so sagt man, sieht man schon heute, wer morgen zu Besuch kommt. Am „Endje van de Wereld", der Halbinsel zwischen Ems und Dollart, wird es höchstens dann schwierig, wenn die Besucher sich gerade in einer Senke unter dem Meeresspiegel befinden. Davon gibt es im Rheiderland, einst die Ziegeleihochburg Deutschlands, reichlich. Am Wynhamster Kolk soll der tiefste Punkt Niedersachsens liegen, 2,51 Meter unter Null. Behaupten die Rheiderländer. Diesen Rekord beanspruchen sie allerdings auch in Freepsum in der Krummhörn für sich.

Jahrhunderte lang haben sie im Rheiderland nasse Füße bekommen, immer wieder hieß es „Land unter". Mehrere Dutzend Dörfer sind im Dollart versunken. Der Sage nach sollen Seeleute die Spitzen ihrer Kirchtürme gesehen und gar das Glockenläuten der Torumer Kirche gehört haben. Nach der natürlichen Verlandung um 1600 und der fleißig betriebenen Einpolderung ist die Meeresbucht inzwischen nur noch ungefähr ein Drittel so groß wie im späten Mittelalter.

De Dütschen sin' dor

Heute fürchten sich die Rheiderländer eher davor, dass ihre Idylle von Touristen überschwemmt wird, als von der nächsten Sturmflut. Sie sind stolze Friesen, sesshaft und heimatverbunden. Hier zählt, was Enno Hektor vor gut 150 Jahren als Ostfriesenhymne aufschrieb: „In Ostfreesland is't am besten, over Freesland geit der nix." Gesungen übrigens mit der Melodie von „Weißt du wie viel Sternlein stehen?". Typisch war es, dass sich die Dorf-Honoratioren Ditzums beispielsweise, als sie vor vielen Jahren beisammen saßen und Karten spielten, von den lärmenden Fremden gestört fühlten. Nachdem sich der Dorfschmied das Treiben eine Weile lang angesehen hatte, stand er auf und wetterte: „Nu' reicht dat aber. De Dütschen sin' dor." Geschlossen verließen die Ditzumer ihre Stammkneipe. Inzwischen wissen sie um die veritable Einnahmequelle des Tourismus und empfangen ihre Gäste gern am „Ende der Welt". Im malerischen Hafen von Ditzum, in der Weite der Marschlandschaft mit ihren imposanten Gulfhöfen und den schiefen Backsteinkirchen.

Vom Moor zum Meer

Zu behaupten, dass die Rheiderländer zu übermäßiger Ordnungsliebe neigen, dürfte noch ein wenig untertrieben sein. Es scheint eher so, als würden sie es nicht aushalten können, wenn etwas in ihren Vorgärten nicht rechtwinklig angeordnet ist. Nach diesem strengen Muster sind auch die Kanäle und Wieken in der Fehnlandschaft des Overledingerland angelegt. Diese Wasserläufe sorgten einst dafür, dass die lebensunfreundliche Moorlandschaft entwässert und schließlich kultiviert werden konnte. „Den ersten der Tod, den zweiten die Not, den dritten das Brot." – das galt auch hier. Die Redensart macht deutlich, welche Entbehrungen die ersten „Fehntjer" auf sich nehmen mussten. Die Kanäle dienten auch als Transportwege für den gewonnenen Schwarztorf. Für den Rückweg luden die Moorpioniere Schlick, den sie mit Weißtorf als Dünger für ihre „Kolonate" mischten. Erst dadurch konnten sie Ackerbau und Viehzucht betreiben und ihre Lebenssituation verbessern.

Später entdeckten sie bei ihren Reisen an die Küste, welche Möglichkeiten die Seeschifffahrt ihnen bot. Die Abenteuerlust war geweckt, und die einstigen Kanalschiffer fuhren vom Moor aus rund um der Erdkreis über alle sieben Weltmeere.

Zum Fehngebiet gehören Klappbrücken, die an Holland erinnern. Aus preußischer Zeit stammt dagegen manche Backsteinkirche wie diese in Westrhauderfehn

Über 163 Kilometer durchzieht die Deutsche Fehnroute das Moorgebiet Ostfrieslands

Östlich Leer überspannt bei Amdorf seit 1956 Deutschlands schmalste Autobrücke die Leda

„Den ersten der Tod, den zweiten die Not, den dritten das Brot." – das galt auch für die ersten Fehntjer.

SCHIFFSÜBERFÜHRUNG AUF DER EMS

„Time to say goodbye“

Die Überführungen der riesigen Kreuzfahrtschiffe von der Meyer-Werft in Papenburg über die Ems sind ein Spektakel, das jedes Mal Tausende von „Sehleuten“ anzieht. Die Kapitäne leisten dabei Millimeterarbeit, wenn sie die Luxusliner über die aufgestaute Ems in Richtung Nordsee navigieren. Umweltschützer hingegen protestieren seit Jahren gegen die Passagen der Ozeanriesen.

Die Schiffssirene dröhnt ein letztes „Goodbye" und findet ein Echo im riesigen Trockendock, in dem die Papenburger Meyer-Werft die größten Kreuzfahrtschiffe der Welt baut – Dimensionen, an die der Werftgründer 1795 mit Sicherheit nicht gedacht hat. Als das schwimmende Luxus-Hotel „Celebrity Equinox" um kurz nach 1.00 Uhr nachts die Dockschleuse verlässt, brandet Applaus auf. Tausende haben einmal mehr den Weg an die Ems gefunden, um die Passage in Richtung Nordsee zu verfolgen. Peter und Monika Wohlau aus Essen sind „Wiederholungstäter". „Eine einzigartige Stimmung und ein wunderschöner Anblick, wenn das Schiff nachts voll beleuchtet die Schleuse verlässt", sagt Monika Wohlau. Ihr Mann ist von der Präzision begeistert, mit der die Kreuzliner durch den schmalen Fluss gesteuert werden. Zwei Schlepper unterstützen Kapitän Thomas Teigte und seine drei Kollegen, „Leihgaben" der Lotsenbruderschaft Emden. Ihre Reise treten die Schiffe übrigens mit dem Heck voraus an. Erfahrungsgemäß lassen sich die Kolosse so besser beherrschen. Und die Witterungsbedingungen müssen stimmen. Bereits eine stärkere Böe reicht aus, das ganze Projekt zu gefährden.

Längst hat die Passage „Event"-Charakter, wie es neudeutsch heißt. Es herrscht Volksfeststimmung. Das Warten vertreiben sich viele an einer der zahlreichen Imbiss-Buden – inzwischen ist es fast 4.00 Uhr nachts. Es kommt selten vor, dass man um diese Zeit noch eine Bratwurst bestellt – heute ist alles anders, heute geht das. Andere haben sich bereits die besten Plätze am Deich gesichert. Manche sind professionell ausgerüstet, mit regenfester Kleidung, Wanderschuhen und Kopflampe. Andere, Teenager aus der Region, hüpfen aufgeregt im Fummel über den Deich, sie kommen gerade aus der Disko.

Sie alle eint die Faszination, wenn sich der Gigant seinen Weg durch die schmale Ems bahnt. Es regnet inzwischen Bindfäden, doch auch vom „Schietwetter" lassen sich die Besucher ihre Laune so schnell nicht verderben.

Ein knallhartes Geschäft

Rund 2800 Passagiere finden Platz auf dem Schiff, mehr als 1200 Mann Besatzung werden für das Wohl der Gäste sorgen. Denen soll es an nichts mangeln. Rund 90 Prozent der Kabinen besitzen einen Balkon, auf dem Oberdeck wächst echter Rasen, Restaurants, Kinos, Theater, ein Casino, Shopping-Malls, Poollandschaften, Fitness- und Wellness-Angebote gehören zur Grundausstattung.

Glamouröse Kreuzfahrtträume als Modell im Besucherzentrum und die reale Arbeitswelt in der Meyer-Werft

Letzte Arbeiten im Hintergrund, erste für ein neues Schiff vorn

Bevor ein neues Traumschiff die Werft verlässt, wird den Besuchern an Land tüchtig eingeheizt

Hinter dieser glitzernden Kulisse lauert gnadenloser Wettbewerb. Schiffbau scheint in Deutschland generell und in Ostfriesland insbesondere ein Auslaufmodell zu sein – der Verkauf der Nummer zwei, der Nordseewerke in Emden, und deren gescheiterter Umstieg auf Windenergieanlagen zeigt das überdeutlich. Wer hier sonst noch Schiffe baut, ist international gesehen nicht der Rede wert. Das lässt für Meyers offenkundige Sonderstellung Verständnis aufkommen – sie ist die letzte von einmal 20 Werften allein in Papenburg.

Ökonomie gegen Ökologie

Theo Rhode aus Gütersloh ist zum ersten Mal dabei. Eine Kreuzfahrt wäre nichts für ihn. „Zu langweilig", sagt er, „aber das hier muss man gesehen haben." Das Schiff passiert inzwischen die Friesenbrücke. „Time to say goodbye" schallt aus den Lautsprechern des Schiffs. Handy-Kameras und Camcorder am Deich blitzen und blinken, während ganz oben am Schornstein letzte Schweißarbeiten erledigt werden. Inzwischen beginnt es zu dämmern und taucht das Schauspiel in das sanfte Licht des frühen Morgens. Einige der Zuschauer, das kann man jetzt sehen, haben sogar Tränen in den Augen.

Anderen treibt die Aktion die Zornesröte ins Gesicht. Seit Jahren protestieren Umweltschützer gegen die Überführungen. Die Folgen für das Ökosystem entlang dem Fluss seien gravierend und irreparabel. Um die fragile Flusslandschaft und deren Bewohner zu retten und gleichzeitig die Schiffspassagen zu gewährleisten und Arbeitsplätze zu sichern, wurde über den Bau eines sogenannten Emskanals nachgedacht. Doch schließlich schob die Lenkungsgruppe in der niedersächsischen Staatskanzlei den Plänen einen Riegel vor. Technisch zwar durchaus machbar, aber mit rund einer Milliarde Kosten viel zu teuer, hieß es. Die Meyer Werft wehrt sich weiterhin, an die Küste umzuziehen, ebenfalls aus Kostengründen. Dank zweier Großaufträge der Norwegian Cruise Line geht das Spektakel auf der Ems mindestens bis 2019 weiter – und damit auch der Streit darüber, wie viel Kreuzfahrtriesen die Ems verträgt.

Fakten

Rund 300 000 Besucher, die Einblick in modernen und in den herkömmlichen Schiffbau der vergangenen Jahre bekommen möchten, zählt die Meyer-Werft alljährlich. Im **Besucherzentrum** werden ihnen illustrierende Ausstellungsstücke, Modelle, Filme und sogar eine Musterkabine präsentiert. Besichtigungen sind nach vorheriger Anmeldung bei der **Papenburg Tourismus Gesellschaft** möglich (Postfach 1755, 26857 Papenburg, Tel. 04961 8 39 60, www.papenburg-tourismus.de).

Eine Schiffsüberführung lockt Besucher von nah und fern an.

Maßstab 1:210.000
0
2
4km
AURICH
Südbrookmer-
land
Ihlow
Große-
fehn
WIESMOOR
Friedeburg
Moormer-
land
Uplengen
LEER
(Ostfriesland)
Jemgum
Hesel
Holtland
Nortmoor
Filsum
Detern
Apen
WEENER
Bunde
West-
Rhauder-
fehn
Ost-
rhauder-
fehn
overledingen
PAPENBURG
Barßel
Sater-
land
Rhede (Ems)
Deutsche Fehnroute
1
2
3
4
5

Ganz und gar nicht schaurig

„In Aurich ist es schaurig, in Leer noch viel mehr", reimt der Volksmund. Beides ist „dumm Tüch", also „dummes Zeug". Aurich gilt als heimliche Hauptstadt Ostfrieslands, Leer, das „Tor Ostfrieslands", zeigt stolz einen mittelalterlichen Stadtkern. Zwischendrin liegt reichlich plattes Land, durchzogen von unzähligen Wasserläufen. Ursprüngliches Ostfriesland, das sich bis zum „Ende der Welt" am Dollart erstreckt.

1 Aurich

Aurich (40 000 Einw.; ostfriesisch: Auerk) wurde erstmals 1276 im „Brokmerbrief" erwähnt und Ostfriesland von hier aus über 400 Jahre regiert. Heute ist die alte Residenzstadt ein modernes Mittelzentrum mit zahlreichen Einkaufsmöglichkeiten. Tradition wird dennoch gewahrt: Die Stadt ist Sitz der „Ostfriesischen Landschaft", urspr. der politische Verbund der ostfriesischen Stände und heute Ostfrieslands Kulturparlament. Höchst umstritten ist der sogenannte Sous Turm auf dem Auricher Marktplatz. Das 25 m hohe, mit Plexiglas verkleidete Kunstobjekt wird von Spöttern wahlweise auch „Auricher Tauchsieder" oder „Weltraumpenis" genannt.

SEHENSWERT

Im Auricher **Schloss** residierten von 1565 bis 1744 die Grafen und Fürsten Ostfrieslands. Mitte des 19. Jh. ließ König Georg V. von Hannover die Residenz im englischen Tudorstil historistisch neu errichten (heute Verwaltung). Sehenswert ist auch die **Neue Kanzlei** bzw. **Marstall** von 1731 (heute Verwaltung). Wahrzeichen der Stadt ist der **Lambertiturm;** die zugehörige Kirche von 1835 beherbergt eine bedeutende Orgel sowie den spätgotischen Ihlower Altar (um 1510) aus Antwerpen (Tel. 04941 22 39, www.aurich-lamberti.de). Die um 1855 erbaute **Stiftsmühle,** ein fünfstöckiger Galerieholländer, ist die zweithöchste Mühle Ostfrieslands (29 m). Auch das sogenannte **Pingelhus** (um 1800) zählt zu den Wahrzeichen Aurichs; im ehem. Hafenwärterhäuschen wurden früher die Schiffe mit Glockenläuten begrüßt bzw. verabschiedet. Das **Knodtsche Haus,** ein Bürgerhaus (um 1735) in niederländischem Spätbarock, ist heute Gastwirtschaft.

MUSEEN

Im **Historischen Museum** in der Alten Kanzlei (um 1530) wird die Geschichte der Ostfriesen am Beispiel der Stadt Aurich veranschaulicht – von der Steinzeit bis ins 20. Jh. (Burgstraße 25, Tel. 04941 12 36 00, www.museum-aurich.de; Febr.–Dez. Di.–So. 11.00–17.00 Uhr). Das **Moormuseum** in Moordorf (westl.) zeigt die Entwicklung einer ostfriesischen Moorkolonie (Victorburer Moor 7a, Südbrokmerland, Tel. 04942 27 34, www.moormuseum-moordorf.de; April–Okt. tgl. 10.00–18.00 Uhr).

HOTELS

In der Auricher Altstadt liegen die Hotels **€ € / € Twardokus** und **Alte Kantorei** (Kirchstraße 4, 26603 Aurich, Tel. 04941 99 09 0, www.twardokus.de).

VERANSTALTUNG

Mitte Aug. feiert Aurich sein **Stadtfest.**

UMGEBUNG

Etwa 3 km südw. von Aurich befindet sich in Rahe der **Upstalsboom.** An dieser sogenannten Thingstätte versammelten sich im Mittelalter an Pfingsten die Abgesandten der friesischen Landesgemeinden.
Das **Große Meer** im Süden des Südbrokmerlands bietet gute Bedingungen für Wassersportler, das **Ewige Meer** im Norden ist mit einer Wasserfläche von rund 90 ha größter Hochmoorsee Deutschlands.

INFORMATION

Verkehrsverein, Norderstraße 32, 26603 Aurich, Tel. 04941 44 64, www.aurich-tourismus.de

2 Jemgum-Ditzum

Die Ostfriesen nennen die Region zwischen Ems und Dollart das „Endje van de Wereld". Zwischen sattgrünen Weiden ragen uralte Backsteinkirchen in den Himmel, funktionstüchtige Mühlen drehen sich im Wind. Das Fischerdorf Ditzum mit seiner Krabbenkutterflotte und der traditionellen Werft ist ein Pflichtbesuch. Von Hafen aus verkehrt eine Fähre in den Emder Stadtteil Petkum, eine wichtige Verbindung für die zahlreichen Radwanderer, für die das „Endje van de Wereld" nicht das Ende ihrer Reise sein soll.

Das Uptalsboom-Denkmal bei Aurich (links). Ditzums Kutterhafen (rechts oben). Neugotisch zeigt sich das Schloss Aurich (rechts unten).

SEHENSWERT
Die Backstein-Kirche in **Midlum** aus dem 12. Jh. (Dorfstraße 26, Tel. 04958 12 08) ist mit ihrem kleinen und überaus schiefen Turm eine der ältesten Ostfrieslands. Einen ungewöhnlichen Turm in Form eines Leuchtturms besitzt die Kirche (Hofstraße 11, Tel. 04902 2 72) von **Ditzum** (westl. außerhalb der Detailkarte, s. Karte S. 30). Weitere imposante Backstein-Kirchen stehen in **Critzum, Holtgaste, Marienchor, Böhmerwold, Oldendorp** und **Hatzum**.

Tipp

Ausflüge zu Wasser

Mit den Schiffen der Germania-Reederei aus Leer lassen sich vielfältige Ausflüge unternehmen. Im Angebot sind neben der klassischen Hafenrundfahrt die Drei-Flüsse-Fahrt über Leda, Ems und Jümme, Tagestouren in die Niederlande zum Wochenmarkt nach Groningen oder auch kürzere Törns zum Emssperrwerk nach Gandersum sowie nach Ditzum.

WEITERE INFORMATIONEN
Germania Schifffahrtsgesellschaft, Rathausstraße 4a, Leer, Tel. 0491 59 82, www.germania-schifffahrt.de

RESTAURANTS
Zu empfehlen sind die Fischgerichte im € € **Alten Haus am Siel** (Sielstraße 23, Tel. 04902 658, www.alteshausamsiel.de). Leckere Krabbenbrötchen, Räucherfischspezialitäten, aber auch Bratfisch gibt es in der € **Krabben- & Fischhandlung Jan Bruhns & Co.** direkt am Ditzumer Hafen (Tel. 04902 91 20 91, www.ditzumer-krabben.de).

AKTIVITÄTEN
Mit dem **Fischkutter „Heike"** können Gruppen auf „kleine Fahrt" gehen, Krabbenpulen inklusive. Weiter im Angebot sind die Besichtigung des Emssperrwerks oder naturkundliche Exkursionen mit dem Naturschutzbund Deutschland auf Ems und Dollart und die Besichtigung der Meyer-Werft in Papenburg (Tel. 04958 12 36).

INFORMATION
Verkehrsverein Ems-Dollart, Am Hafen 1, 26844 Jemgum-Ditzum, Tel. 04902 91 20 00, www.ditzum-touristik.de

3 Leer

Zwischen Leda und Ems gelegen, ist Leer mit knapp 35 000 Einw. drittgrößte Stadt Ostfrieslands. Gegründet wurde das „Tor Ostfrieslands" bereits im 8. Jh., hier weihte der Friesenapostel Liudger 791 n. Chr. die erste Kirche in der Region. Im späten 14. und frühen 15. Jh. regierte der mächtige Häuptling Focko Ukena Ostfriesland von Leer aus. 1508 erhielt der Flecken Leer Marktrecht und erst 1823 Stadtrecht. Die Stadt ist Sitz der Bünting-Gruppe und nach Hamburg der zweitgrößte Seereederei-Standort Deutschlands.

SEHENSWERT
Die **Altstadt** TOPZIEL zählt zu den schönsten historischen Stadtkernen Norddeutschlands (17. und 18. Jh.); ihr Musterbeispiel ist das **Haus Samson**. Einen Katzensprung vom **Museumshafen** entfernt sind die beiden Wahrzeichen zu finden, die niederländisch-barocke **Stadtwaage** (1714) und das **Rathaus,** 1894 im Neorenaissancestil erbaut (Rathausstraße 1, Tel. 0491 978 25 00; Mo.–Do. 8.00–18.00, Fr. 8.00–13.00, Führungen April bis Sept. Di. 15.00 und Do. 11.00 Uhr). Mit der **Lutherkirche** von 1675, der 1825 klassizistisch erbauten **Mennonitenkirche,** dem barocken Backsteinbau der **Großen Reformierten Kirche** (1787) und der katholischen **St.-Michael-Kirche** von 1767 ragen gleich mehrere sehenswerte Kirchtürme in den Himmel (Besichtigungen n. Vereinb. mit den Küstern oder bei Stadtführungen). Die zweiflüglige **Haneburg** (Haneburgallee 8; Volkshochschule) geht zurück auf das 15. Jh. und den Ostfriesenhäuptling Hayo Unken; im 17. Jh. wurde der Herrensitz im Renaissancestil erneuert.
Ein technisches Meisterwerk ist die **Jann-Berghaus-Brücke** (1991) über die Ems, nach Rotterdams Erasmus-Brücke größte Klappbrücke Westeuropas.

MUSEEN
Im Speicher des frühbarocken **Haus Samson** 1643 wird gutbürgerliche ostfriesische Wohnkultur präsentiert (Rathausstraße 18, Tel. 0491 92 52 30; Mo.–Fr. 9.00–12.30 und 15.00 bis 17.30 Uhr). Das **Heimatmuseum** dokumentiert die Geschichte der Stadt (Neue Straße 12, Tel. 0491 20 19, www.heimatmuseum-leer.de; Di.–Sa. 11.00–17.00, So. 11.00–14.00 Uhr).
Das **Teemuseum** TOPZIEL ist der ostfriesischen Teekultur gewidmet (Brunnenstraße 33, Tel. 04931 992 20 44, www.buenting-teemuseum.de, Mo.–Sa. 10.00–18.00, April–Okt. auch So. 14.00 bis 17.00 Uhr).

RESTAURANT
Auf sehr hohem Niveau verwöhnt das € € € **Restaurant Perior** seine Gäste (Bergmannstraße 16, Tel. 0491 976 95 15, www.perior.de).

VERANSTALTUNG
Der fünftägige **Gallimarkt** (Beginn am zweiten Okt.-Mi.), seit 500 Jahren urspr. ein Viehmarkt, ist mit rund einer halben Mio. Besuchern das größte Volksfest Ostfrieslands.

UMGEBUNG
Die **Evenburg** (Urspr. 17. Jh.; Loga, Am Schlosspark 25) wurde im 19. Jh. neugotisch umgestaltet; zugänglich ist nur der Park. Einen Abstecher wert ist die „grüne Stadt" **Weener** im Rheiderland mit seinem historischen Hafen (www.weener.de). In der Georgskirche (Kirchplatz 1, Tel. 04951 22 65) aus dem frühen 13. Jh. steht eine der großen Arp-Schnitger-Orgeln Ostfrieslands.

INFORMATION
Tourist-Information, Ledastraße 10, 26789 Leer, Tel. 0491 91 96 96 70, www.leer.de

4 Papenburg

Streng genommen zählt Papenburg (35 000 Einw.) zum Emsland, grenzt jedoch direkt an ostfriesische Gemeinden. Für die meisten ist Papenburg gleichbedeutend mit der Meyer-Werft. Doch die 1458 erwähnte und älteste Fehnkolonie Deutschlands hat mehr zu bieten. Das Stadtbild wird durch zahlreiche Kanäle geprägt, einst angelegt, um Torf zu verschiffen.

„Friederike von Papenburg" im Hauptkanal (links). Die Evenburg in ihrem Park (rechts oben). Traditionsschifftreffen zu Füßen von Leers Rathausturm (rechts unten)

SEHENSWERT
Hauptattraktion ist die **Meyer-Werft** **TOPZIEL**. Das Besucherzentrum bietet tgl. Führungen (Tel. 04961 8 39 60, www.meyerwerft.de; Anmeldung über Papenburg Tourismus).
Beim Bau der **St. Antonius-Kirche** (Kirchstraße 14, www.st-antonius-papenburg.de) wurden Ende des 19. Jh. rund 12 Mio. Ziegelsteine verbaut, die Hälfte wegen des moorigen Untergrunds als Fundament.

MUSEEN
Im interaktiven **Museum Zeitspeicher** führt Stadtgründer Dietrich von Velen „höchstpersönlich" durch die Vergangenheit (Ölmühlenweg 21, Tel. 04961 8 39 60; April–Okt. tgl. 9.00 bis 18.00, sonst Mo.–Sa. 9.00–17.00 Uhr). Das **Freilicht-Schifffahrtsmuseum** präsentiert über das Stadtgebiet verteilt originalgetreu nachgebaute Segelschiffe. Im Freilichtmuseum **Von-Velen-Anlage** wird die harte Zeit der Moorkolonisation wieder lebendig (Splitting rechts 56, Tel. 04961 7 37 42, www.von-velen-anlage.de; April–Okt. tgl. 10.00–17.30 Uhr). Die **Gedenkstätte Esterwegen** (Hinterm Busch 1, Tel. 05955 98 89 50, www.gedenkstaette-esterwegen.de; März–Nov. Di.–So. 10.00 bis 17.00/18.00 Uhr) erinnert an die 15 Konzentrations-, Straf- und Kriegsgefangenenlager im Emsland, in denen die Nationalsozialisten über 260 000 Menschen inhaftiert hatten.

INFORMATION
Papenburg Tourismus Gesellschaft, Ölmühlenweg 21, 26871 Papenburg, Tel. 04961 8 39 60, www.papenburg-tourismus.de

5 Rhauderfehn

Älteste Siedlung der Gemeinde dürfte Backemoor sein, zur Zeit der friesischen Freiheit Versammlungsort der Räte aus dem Overledingerland. Westrhauderfehn wurde 1769 gegründet. Charakteristisch für die Moorregion sind schnurgerade verlaufende Wieken (Kanäle) – zur Trockenlegung des Moorgebiets und zum Transport des Torfs. Einen guten Einblick in diese Fehnlandschaft vermittelt die 170 km lange Deutsche Fehnroute (www.fehnroute.de).

MUSEUM
Die Villa Graepel beherbergt das **Fehn- und Schiffahrtsmuseum** (Fehnkultur und Wandlung einstiger Moorkolonisten zu Seeleuten; Westrhauderfehn, Rajen 5, Tel. 04952 90 32 80, www.fehn-schiffahrtsmuseum.de; März–Dez. Mi.–So. 10.00–17.00 Uhr, Mai–Sept. auch Di.).

AKTIVITÄT
Die Moorstimmung ist auf einer **Fahrt mit umgebauten Torfloren** zu erleben (Moorgutstraße, Ramsloh, Tel. 04498 23 71, www.moorfahrten.de).

INFORMATION
Rhauderfehn-Information, 1. Südwieke 2a, 26817 Rhauderfehn, Tel. 04952 90 32 30, www.rhauderfehn.de

Genießen   Erleben   Erfahren

DuMont Aktiv

Sie geben sich die Kugel

„Der Friese lernt zuerst das Laufen und dann das Boßeln", sagt man in Ostfriesland. Boßeln beziehungsweise das „Klootschießen" sind so etwas wie ostfriesische Nationalsportarten.

Boßeln steht arg im Ruf, lediglich in Verbindung mit „Hochprozentigem" möglich zu sein. Doch in Ostfriesland wird es von mehreren tausend Aktiven als Leistungssport betrieben. Die Namen der Klubs lauten „Lat'n rull'n" oder „He löpt noch". Gemäß der Satzung des Friesischen Klootschießverbands von 1902, die auch dazu verpflichtet, die plattdeutsche Sprache zu erhalten. Gespielt wird inzwischen mit einer Pockholz- oder Kunststoffkugel, neun bis zwölf Zentimeter im Durchmesser. Geboßelt wird nicht im Stadion, sondern auf der Straße. Ziel der „Schmieter" (Werfer) ist es, die Kugel so weit wie möglich zu schleudern. Gewonnen hat das Team, das die Wettbewerbsstrecke mit den wenigsten Würfen absolviert hat. Lautstarkes Anfeuern – natürlich auf Plattdeutsch – scheint dabei hilfreich zu sein. Fast immer dabei sind „Käkler und Mäkler", die mehr oder minder gute Ratschläge parat haben.

„Königsdisziplin" sind Kurvenwürfe, denn selbst in Ostfriesland verlaufen nicht alle Straßen schnurgerade. Dabei muss der Kugel „Effet" verliehen werden, „Övert Duum" (übern Daumen) oder auch „Övert Finger" (übern Finger) sind die Wurftechniken. Großer Beliebtheit erfreut sich auch der Feldkampf. Dabei wird der „Kloot" im Sprung über ein freies, möglichst zugefrorenes Feld geworfen.

Weitere Informationen

Informationen zum Boßeln und weiteren ostfriesischen Sportarten findet man im Internet unter http://www.ostfriesland.de/mein-ostfriesland/sportlich-und-aktiv/friesensport/bosseln.html oder unter www.bosseln-online.de
Heinrich-Jürgen Eden aus Großefehn stellt als Einziger in Deutschland noch aus dem Holz des tropischen Guajak-Baums traditionelle Boßelkugeln her (Auricher Landstraße 36, Mittegroßefehn, Tel. 04943 12 60).

Von der Fähre geht es auf Borkum auf die Inselbahn (oben). Zu jeder Reise an die Küste gehört ein Ausflug zu den Seehunden (unten)

Service

Keine Reise ohne Planung. Auf den folgenden Seiten sind Wissenswertes und nützliche Informationen für einen Ostfriesland-Aufenthalt zusammengestellt.

Anreise

Mit dem Auto: Vom Ruhrgebiet und vom Rheinland aus ist Ostfriesland in zwei bis drei Stunden über die Autobahn A 31 zu erreichen. Ansonsten führt der Weg über die A 29 oder via Bremen über die A 28 in Richtung Oldenburg. Wer auf einer der östlichen Ostfriesischen Inseln urlauben will, bleibt auf der A 29 in Richtung Wilhelmshaven. Wen es in den westlichen Teil Ostfrieslands, nach Norderney, Juist oder Borkum zieht, der fährt ab Oldenburg weiter Richtung Emden. In Planung ist eine noch umstrittene Küstenautobahn A 20, die bei Bremerhaven die Weser queren und zwischen Oldenburg und Wilhelmshaven Anschluss an die A 29 bzw. bei Westerstede an die A 28 bekommen soll.

Mit der Bahn: Aus Süddeutschland, dem Rheinland und dem Ruhrgebiet bietet die Deutsche Bahn durchgehende IC-Verbindungen bis Leer, Emden und Norden-Norddeich an. Auch von Berlin, Potsdam, Leipzig, Magdeburg, Hannover und Bremen bestehen durchgehende IC-Zugverbindungen nach Oldenburg und weiter in Richtung Leer, Emden bzw. Norden-Norddeich. Nähere Informationen findet man im Flyer der Bahn „Zügig nach Ostfriesland und an die Nordsee". Auskunft erteilt die Bahn zudem unter der Service-Nummer: 0180 599 66 33 (14 ct/Min. aus dem Festnetz, Tarife bei Mobilfunk ggf. abweichend) oder im Internet unter www.bahn.de.

In den Regionalzügen muss die Fahrradmitnahme nicht angemeldet werden. In der Hauptsaison kann es in Fahrradabteilen allerdings recht eng werden in Ostfriesland. Die Fahrradbeförderung in den IC-Zügen muss unbedingt vorher reserviert werden. Auch dazu findet man Infos auf der Internetseite der Bahn.

Verkehrsknotenpunkt der Region ist Oldenburg. Von hier aus verkehren Regionalzüge zu den Urlaubszielen, aber auch Busse des Verkehrsverbundes Ems-Jade.

Mit dem Bus: Von Mitte März–Ende Okt. bietet der Verkehrsverbund Ems-Jade (www.vej-info. de) einen speziellen Service. Kurkarten-Inhaber können mit dem Urlauberbus Ostfriesland auf 220 Linien von beinahe 5000 Haltestellen aus die Region für 2.– € pro Strecke „erfahren" (Fahrplan auf www.urlauberbus.info).

Mit dem Flugzeug: Der nächstgelegene internationale Flughafen ist Bremen. Eine Alternative ist das niederländische Groningen. Die Ostfriesischen Inseln werden u. a. von Bremen und Bremerhaven, aber auch von Harle bei Carolinensiel aus angeflogen (www.inselflieger.de). Auch die FLN FRISIA-Luftverkehr GmbH in Norddeich bietet Flüge auf die Inseln an (www.fln-norddeich.de). Die Ostfriesischer Flugdienst GmbH OFD fliegt von Emden nach Borkum (www.fliegofd.de). Diverse Fluggesellschaften bieten zudem Rundflüge.

Fähren: Brücken oder Dämme zu den Ostfriesischen Inseln existieren nicht und sind auch nicht geplant. Also bleiben nur die Fähren, die zum Teil tideabhängig verkehren. Mit knapp über 2 Std. dauert die Fährfahrt von Emden nach Borkum am längsten; mit dem Katamaran oder vom niederländischen Eemshaven aus, erreicht man die westlichste aller Inseln in rund 1 Std. (Aktien-Gesellschaft „Ems", Postfach 1154, 26691 Emden-Außenhafen, Tel. 01805 18 01 82, www.ag-ems.de). Die Reederei Frisia bedient die Inseln Juist (90 Min.) und Norderney (45–60 Min.) ab dem Fährhafen Norddeich (AG Reederei Norden-Frisia, Bülowallee 2, 26548 Norderney, Tel. 04931 98 7, www.reederei-frisia.de). 30 Min. dauert es von Neßmersiel nach Baltrum (Reederei Baltrum-Linie GmbH & Co. KG, Postfach 1123, 26572 Baltrum, Tel. 04933 99 16 06, www.baltrum-linie.de), ebenso lange von Bensersiel nach Langeoog (Schifffahrt der Inselgemeinde Langeoog, Hauptstraße 28, 26465 Langeoog, Tel. 04972 69 30, www.schiffahrt-langeoog.de). In 45 Min. erreicht man von Neuharlingersiel aus Spiekeroog (Nordseebad Spiekeroog GmbH, Kurverwaltung und Schifffahrt, Noorderpad 25, 26474 Spiekeroog, Tel. 04976 919 31 01, www.spiekeroog.de). Etwas länger dauert die Überfahrt von Harlesiel nach Wangerooge (DB AutoZug GmbH, Schifffahrt und Inselbahn Wangerooge, Hafen Harlesiel, 26409 Harlesiel, Tel. 04464 94 94 11, www.siw-wangerooge.de).

Urlauber sollten sich vor allem bei angesagtem „Schietwetter" erkundigen, ob die Fähren wirklich verkehren. Nicht selten wird bei zu starkem Seegang die Überfahrt aus Sicherheitsgründen kurzfristig ausgesetzt. Bei der Anreise mit dem eigenen Pkw stehen an allen Fährhäfen kostenpflichtige Parkplätze, zum Teil auch Garagen, zur Verfügung; die Preise sind über die Internetseiten der Häfen oder der jeweiligen Inseln zu erfahren. Die Inseln sind mit Ausnahme von Borkum und Norderney autofrei. Besonders für die Hauptsaison ist ratsam, für das eigene Auto frühzeitig zu reservieren.

Wenn die Meyer-Werft in Papenburg ein Schiff abliefert, ist es jedes Mal ein spektakuläres Großereignis für die Region

Auskunft

Überregional: Ansprechpartner für ganz Ostfriesland ist die Ostfriesland Tourismus Gesellschaft in Leer (Ledastraße 10, 26789 Leer, Tel. 0491 91 96 96 60, www.ostfriesland.de). Der Internetauftritt der Ostfriesen ist lobenswert: Er bietet viele Informationen, ist übersichtlich strukturiert und wartet zudem mit einer Vielzahl an Texten auf, die dem Urlauber die Region Ostfriesland näher bringen. Die Ostfriesland Tourismus Gesellschaft ist auch für die Inseln zuständig.
Zuständig für die Küstenregion und die Inseln ist auch die Nordsee Gesellschaft (Olympiastraße 1, Gebäude 6, Postfach 21 06, 26419 Schortens, Tel. 04421 956 09 91, www.die-nordsee.de).

Regional: Ammerland-Tourist-Information, Ammerlandallee 12, 26655 Westerstede, Tel. 04488 56 30 00, www.ammerland-touristik.de. Oldenburg Tourismus und Marketing Gesellschaft, Schlossplatz 16, 26122 Oldenburg, Tel. 0441 36 16 13 66, www.oldenburg-tourist.de. Friesland Touristik, Banter Deich 2, 26382 Wilhelmshaven, Tel. 04421 9 27 90, www.friesland-touristik.de. Tourismus-Service Butjadingen, Strandallee 61, 26969 Butjadingen, Tel. 04733 92 93 10, www.butjadingen.de

Essen und Trinken

Die Küche ist vielfältig, an der Küste dominieren Fisch und Meeresgetier. Die **Krabben** heißen hier Granat und schmecken am besten auf einer dicken Scheibe Schwarzbrot mit „Budder". Zur zarten **Maischolle** munden goldgelbe Kartoffeln aus Moor und Geest. Als Delikatesse gilt das Deichwiesenlamm oder auch ein zünftiges **Labskaus.** Manchmal wartet Arbeit vor dem Festmahl, beispielsweise, wenn man den Granat selbst pulen will. Und manchmal muss man sich regelrecht

Info

Daten & Fakten

Geografische Lage: Man muss schon ein wenig aufpassen, damit sich niemand auf den Schlips getreten fühlt, wenn man die Grenzen Ostfrieslands benennt. Allgemein spricht man heute eher von der ostfriesischen Halbinsel zwischen dem Dollart im Westen und dem Jadebusen im Osten. Dazu gehören auch Teile des Landkreises Frieslands sowie des Ammerlandes, das historisch stets zu Oldenburg zählte. Nach Westen grenzt die ostfriesische Halbinsel an die Niederlande, im Norden an die Nordsee, südlich von Ostfriesland liegt das Emsland. Nahe der Küste erstreckt sich weites Marschland, das landeinwärts in Niedermoore, Geest und Hochmoore übergeht. Das ganze Gebiet ist von zahlreichen Wasserstraßen durchzogen.
Dem Festland vorgelagert sind die sieben bewohnten Ostfriesischen Inseln Borkum, Juist, Norderney, Baltrum, Langeoog, Spiekeroog und Wangerooge sowie die unbewohnten Inseln Lütje Hörn, Memmert, Mellum und Minsener Oog. Die Inseln erstrecken sich über rund 90 km Länge im „Naturpark Niedersächsisches Wattenmeer". Entstanden, so besagt es die heute allgemein gültige „Platen-Hypothese", sind die Inseln im Laufe der Jahrhunderte einzig durch den Einfluss von Wind- und Meeresströmungen, teilweise aus den ehem. Inseln Bant und Buise. Wangerooge zählt als einzige bewohnte Insel zum Landkreis Friesland und historisch zu Oldenburg. Um sich die Lage der Inseln – von Ost nach West – zu merken, hilft folgende „Eselsbrücke": Welcher Seemann Liegt Bei Norderney Im Boot?

Bevölkerung: Die ostfriesische Halbinsel ist im Vergleich zum gesamten Bundesgebiet (ca. 230 Einw./km²) mit rund 150 Einw./km² deutlich dünner besiedelt. Größte Stadt der Region ist mit Abstand Oldenburg (160 000 Einw.), gefolgt von Wilhelmshaven mit etwas mehr als 80 000 Einw. Von den ostfriesischen Städten ist Emden mit knapp über 50 000 Einw. am größten, gefolgt von Aurich (40 000), Leer (35 000) und Norden (25 000). Der überwiegende Teil der Bevölkerung ist protestantisch; politisch ist Ostfriesland traditionell eine SPD-Hochburg. Erstmals seit Jahrzehnten gelang es der CDU bei der Niedersachsen-Wahl 2008, die Sozialdemokraten zu überflügeln.
Vor allem aber sind die Ostfriesen heimatverbunden. Die Arbeitslosigkeit in der Region lag lange Jahre weit über dem deutschen Durchschnitt. Wegzuziehen kam für die meisten Menschen aus der Region jedoch nicht in Frage. Die Ostfriesen nehmen als Pendler nach Bremen, Emden oder Oldenburg lieber lange Anfahrtswege zur täglichen Arbeit in Kauf, als ihre „Scholle" zu verlassen. Wenn die Ostfriesen miteinander sprechen, dann tun sie das zumeist im Ostfriesischen Plattdeutsch, auch einfach nur Platt, Plattdütsk oder Oostfreesk genannt.
Wirtschaft und Tourismus: Jahrhundertelang war die Landwirtschaft der wichtigste Erwerbszweig der ländlichen Bevölkerung auf dem Festland, an der Küste war die Fischerei lange eine bedeutende Einnahmequelle. Auch heute noch leben zahlreiche Menschen in der Region vom Fischfang oder von der Landwirtschaft, Tendenz allerdings stark rückläufig. Auch die Anzahl der Ziegeleien, früher ein einflussreicher Wirtschaftsfaktor in Ostfriesland, ist stetig zurückgegangen.
Die meisten Menschen sind inzwischen in der Industrie, im Dienstleistungssektor bzw. in der Tourismusbranche in Lohn und Brot. Größter Arbeitgeber in Ostfriesland ist neben dem VW-Werk in Emden die Bünting-Gruppe mit Stammsitz in Leer, die neben dem traditionellen Teegeschäft Supermärkte und Handelsketten betreibt. Eine ebenfalls lange Tradition hat der Schiffbau in der Region. Nirgendwo sonst in Deutschland sind so viele Menschen im Schiffbau beschäftigt wie im westlichen Ostfriesland. Emden wird als Werftenstandort bereits seit dem Mittelalter erwähnt, verliert aber zunehmend an Bedeutung. Größte Werft und einer der wichtigsten Arbeitgeber ist die Meyer-Werft im nahe gelegenen, aber bereits emsländischen Papenburg. Eine „Boom-Branche" ist in Ostfriesland der Bereich der Windenergie, wobei hier nicht nur – wie es in Emden erfolglos versucht wurde – Anlagen produziert werden, sondern die windreiche Gegend auch wichtiger Standort für große Windparks ist.
Auf den Inseln lebt die überwiegende Mehrzahl der Bewohner seit Jahrzehnten vom Tourismus. Nachdem das ostfriesische Festland über Jahre lediglich als nicht zu umgehende Transitstrecke zu den Inseln herhalten musste, hat sich der Tourismus in den 1990er-Jahren auch dort zu einem bedeutenden und wachsenden Wirtschaftszweig entwickelt.

Inseltypischer Vitaminspender: Sanddorn auf Baltrum (links oben). Krabben heißen in Ostfriesland Granat (links unten)

Zu einer richtigen Teezeremonie geht es sehr kultiviert zu

überwinden, wenn man den **Matjes** nach traditioneller Art und Weise am Schwanz gepackt langsam in den Mund gleiten lässt – nicht jedermanns Sache, für Liebhaber aber ein absoluter Frühjahrs-Hochgenuss.
Wer sich in Ostfriesland auf kulinarische Entdeckungsreise macht, kann so interessant wie exotisch klingende Gerichte wie **Bohnen un Peeren mit Duffkook** (Bohnen und Birnen mit Mehlkloß), den **Peter in de Büx** (Buchweizenpfannkuchen mit Speck) oder auch die **Fluetsopp** (Suppe aus getrockneten Bohnenschalen) probieren. Um ihren Gästen solche und andere traditionelle Gerichte schmackhaft zu machen, haben sich mehrere ostfriesische Köche und Restaurantbesitzer zur Initiative Wattengenuss zusammengeschlossen.
Das Nationalgetränk der Ostfriesen ist natürlich der **Tee** (s. S. 94), zum Essen mundet ein frisch gezapftes Jever-**Bier**. Und zur Verdauung gibt es eine **Bohnensopp** (angesetzter Branntwein mit Sultaninen und Kandis), einen Kruidenbitter, einen klaren Doornkaat oder einen „Ostfreesen-Brannwien". Den braucht man vor allem, wenn man im Winter eine ordentliche Portion **Kohl und Pinkel** einverleibt oder einen geräucherten **Smoortaal** genossen hat (Faustregel: Vor dem Aal einen Korn, zum Aal einen Korn und nach dem Aal einen Korn).
Spezialistinnen für **Kuchen und Torten** sind die Landfrauen in den zahlreichen Teestuben. Sie bieten oftmals auch leckeres **Landbrot.**
Restaurantempfehlungen finden sich auf den jeweiligen Info-Seiten.

Preiskategorien

€ € € €	Hauptspeisen	über 20	€
€ € €	Hauptspeisen	15–20	€
€ €	Hauptspeisen	10–15	€
€	Hauptspeisen	5–10	€

Kinder

Ostfriesland und die Nordseeküste sind ein wahres Kinderparadies. Ob Burgenbauen und Drachensteigen am Strand, Muscheln suchen im Watt, Freeclimben im Klettergarten, Kartfahren, ein Besuch in der Seehund-Aufzuchtstation, Minigolfspielen, Malen in der Kunsthalle – das Angebot kennt wenig Grenzen. Kinderspielhäuser haben sich abwechslungsreiche Programme ausgedacht und bieten – teilweise sogar kostenlose – Kinderbetreuung an. Die Spaßbäder sorgen für Badevergnügen, selbst wenn es mal „junge Hunde" regnet.

Sport und Freizeit

Baden: Mit dem Baden an der ostfriesischen Küste ist das so eine Sache. Immer dann, wenn man Lust hat auf eine Abkühlung, ist garantiert gerade Ebbe und vom Wasser weit und breit nichts zu sehen. Bessere Möglichkeiten versprechen natürlich die Nordseeinseln – kein Tidenkalender bestimmt dort den Tagesablauf, und die Wasserqualität ist besonders gut. Alternativen sind die „Spaß- und Wellenbäder", oft mit Meerwasser gefüllt, entlang der Küste. Auf dem Festland bieten sich zahlreiche Freibäder und Seen wie das Zwischenahner und das Ihler Meer oder der Tannenhauser See bei Aurich zum Schwimmen und Plantschen an.
Boßeln: Boßeln bzw. das „Klootschießen" sind so etwas wie ostfriesische Nationalsportarten und wird in den kühleren Jahreszeiten auf wenig befahrenen Straßen bzw. auf möglichst gefrorenenen Wiesen und Feldern ausgeübt (s. auch S. 115).
Golf: Norderney, Wangerooge und Langeoog bieten jeweils einen 9-Loch-Platz. Durch die steife Brise auf den Inseln gerät das Pitchen und Putten bisweilen allerdings zur Lotterie. Hinzu kommt ein halbes Dutzend Anlagen auf dem Festland.

Info

Zum Weiterlesen ...

Kinder können mit „Lükko Leuchtturm" und seinen Freunden lustige und zugleich spannende Abenteuer erleben. **Bernd Flessner,** der seine Kindheit in Greetsiel verbrachte, hat die putzige Figur geschaffen, **Peter Pabst** die Bücher wunderbar illustriert. Empfehlenswert für Kinder im Alter von 8 bis 88.
Etwas gruseliger als bei Lükko geht es in den **Krimis von Bernd Flessner** zu. In „Die Gordum-Verschwörung" ist Kommissar Gerd Greven auf der Suche nach dem Mörder eines alten Freundes. Waren dessen Nachforschungen nach einem versunkenen Eiland im Dollart, einem Atlantis im Wattenmeer, das Mordmotiv? Ein spannender historischer Kriminalroman, der ganz nebenbei einen kritischen Blick auf die touristische Vermarktung Greetsiels wirft. Weitere empfehlenswerte Krimis mit Lokalkolorit sind u. a. „Ebbe und Blut" von **Peter Gerdes,** „Die Blütenfrau" von **Sandra Lüpkes** und „Krähenflüstern" von **Regine Kölpin** sowie die Ostfriesenkrimis von **Klaus-Peter Wolf** („Ostfriesenwut", „Ostfriesenschwur", „Ostfriesenfeuer" u. a.)
Im Verlag **Theo Schuster** in Leer, dem Ostfriesland-Spezialisten schlechthin, sind zahlreiche Publikationen zur Region herausgekommen. Der Chef selbst hat in „In Aurich ist es schaurig ..." eine Menge Anekdoten, Redensarten und Reime gesammelt, die Lesern nicht nur die Kulturgeschichte Ostfrieslands, sondern auch die plattdeutsche Sprache näher bringen.
Das Buch von **Manne Peters Tammena** ist nicht nur für werdende Eltern empfehlenswert, die einen passenden Namen für ihr Kind suchen. „Von Aafke bis Zwaantje, Ostfriesische Vornamen von A bis Z" erklärt die Besonderheiten und Merkwürdigkeiten der Namengebung in Ostfriesland.

Der Upstalsboom, die Thingstätte der friesischen Stämme bei Aurich, dient gern auch als Kulisse für mittelalterliche Kampfspiele

Inline-Skating: Die Trendsportart hat längst auch Ostfriesland erobert. Auf dem „platten Land" lässt es sich vortrefflich skaten, zumal viele der ausgewiesenen Strecken über Beläge verfügen, „glatt wie ein Kinderpopo".
Radfahren: Ostfriesland ist ein Dorado für Radwanderer (s. auch S. 99). Die Region verfügt über ein sehr gut ausgebautes Radwegenetz auf kleinen, zumeist wenig befahrenen Straßen und Wirtschaftswegen. Zahlreiche Informationstafeln und eine ausgezeichnete Beschilderung helfen dem Radfahrer bei der Orientierung auf den diversen Themenrouten. Wer die Mitnahme des eigenen „Drahtesels" scheut, kann in Ostfriesland an fast 100 Stationen ein Rad ausleihen. Zahlreiche fahrradfreundliche Unterkünfte runden das Angebot ab. Zudem können Touren pauschal gebucht werden.
Außer auf den „Zwerginseln" Baltrum und Spiekeroog – dort sieht man Radler nicht so gern – ist das Fahrrad auch auf den Inseln das ideale Fortbewegungsmittel.

Info

Geschichte

um 10 000 v. Chr.: Forschungen und der Fund einer prähistorischen Feuerstätte bei Hesel weisen auf frühe menschliche Besiedlung in der Region hin.
12 v. Chr.: Römische Truppen unter dem Feldherrn Drusus fallen in Ostfriesland ein. Der Widerstand ist stark.
600–700: Friesen aus dem Westen besiedeln das heutige Gebiet Ostfrieslands. Um 700 entsteht ein friesisches Großreich.
ab 800: Kaiser Karl der Große betreibt die Christianisierung Frieslands, die Friesen widersetzen sich massiv. Der Missionar Bonifatius stirbt in Dockum den Märtyrertod.
785: Friesland wird ins Frankenreich Karls des Großen eingegliedert, in Leer 793 die erste christliche Kirche errichtet. 802 lässt Karl der Große die Lex Frisorum, die friesischen Volksrechte, aufzeichnen.
884: Nachdem sie jahrzehntelang Wikingerüberfällen ausgesetzt waren, schlagen die Friesen die Eindringlinge in der „Normannenschlacht" bei Norden vernichtend.
1000: Beginn des Deichbaus. Der „Goldene Ring" um Friesland entsteht.
1108: Oldenburg wird unter dem Namen Aldenburg (Olde Borch) urkundlich erwähnt.
1219: Die erste der „Marcellusfluten" richtet großen Schaden an der Küste an. Wohl über 30 000 Menschen kamen ums Leben.
1250: Mehrere Gemeinden lösen sich aus adeliger Herrschaft und schließen sich zum „demokratisch" organisierten Upstalsboom-Verband zusammen (Friesische Freiheit).
Mitte 14. Jh.: Einzelne Bauerngeschlechter reißen die Macht an sich. Als Häuptlinge herrschen deren Oberhäupter und gründen Dynastien.
1345: Oldenburg erhält von Graf Konrad I. das Stadtrecht.
1362: Der zweiten Marcellusflut im Januar (auch Grote Mandränke genannt) fallen bis zu 100 000 Menschen zum Opfer.
Ende 14. Jh.: Seeräuber Klaus Störtebeker und seine „Likedeeler" fallen in die küstennahen Orte ein.
1448: Graf Christian von Oldenburg wird zugleich König von Dänemark.
17. Jh.: Beginn der Kolonisierung der Moore im Landesinnern Ostfrieslands (Fehnkultur). In Oldenburg wütet die Pest.
1676: Große Teile Oldenburgs werden nach einem schweren Gewitter durch einen Großbrand zerstört.
1678: Kaiser Leopold I. verleiht den ostfriesischen Landständen als Vertretung der gesellschaftlichen Gruppierungen der Region das Upstalsboomwappen.
1717: Die Weihnachtsflut bricht über große Teile Ostfrieslands herein.
1744: Nach dem Tod des letzten friesenstämmigen Cirksena-Fürsten Carl Edzard fällt Friesland an Preußen.
1795: Gründung der Papenburger Meyer-Werft.
1797: Norderney ist erstes deutsches Nordseebad.
1815–1866: Ostfriesland steht unter der Herrschaft der Hannoveraner, ehe es wieder an Preußen kommt.
1856: Regelmäßiger Fährverkehr zwischen Emden und Norderney.
1871: Ostfriesland und das Großherzogtum Oldenburg werden Teil des neu gegründeten Deutschen Reichs.
1888: Der 72 km lange Ems-Jade-Kanal zwischen Emden und Wilhelmshaven wird eröffnet. Neue Bedeutung soll er als Verbindung zwischen dem JadeWeserPort und – über die Ems – den westdeutschen Binnenwasserstraßen erhalten. Ein Jahr später wird auch der Dortmund-Ems-Kanal fertiggestellt.
1918: Nach dem Ende des Ersten Weltkriegs verliert Oldenburg seinen Status als unabhängiges Großherzogtum.
1939–1945: Oldenburg und Leer bleiben weitgehend von den Bombern der Alliierten verschont, Wilhelmshaven und vor allem Emden trifft es schwerer. Im Sept. 1944 wird fast die gesamte Altstadt Emdens zerstört
1946: Gründung des Bundeslandes Niedersachsen unter Einbeziehung Oldenburgs und Ostfrieslands.
1962: Die Jahrhundert-Sturmflut Mitte Febr. richtet in Ostfriesland große Schäden an.
1977: Der letzte in Deutschland produzierte „Käfer" läuft im Emder VW-Werk vom Band.
1986: Gründung des Nationalparks Niedersächsisches Wattenmeer. Eröffnung der Kunsthalle in Emden.
1988: Seehundsterben im Wattenmeer. Eine Seuche dezimiert die Population vor der ostfriesischen Küste (erneut 2002).
2000: Das Emssperrwerk zwischen Gandersum und Nendorp wird eröffnet. Die Baukosten betragen rund 220 Mio. Euro.
2009: Oldenburg ist Deutschlands „Stadt der Wissenschaften". Das Wattenmeer, also auch der Nationalpark Niedersächsisches Wattenmeer, wird in die Weltnaturerbeliste der UNESCO aufgenommen.
2012: Der JadeWeserPort in Wilhelmshaven geht in Betrieb.
2016: Emden erhält als erste Stadt in Europa den Titel Reformationsstadt Europas.

Eine regionaltypische Besonderheit ist das Angebot „Paddel und Pedal" (www.paddel-und-pedal.de), bei dem Rad- und Paddeltouren auf den zahlreichen Wasserläufen in Ostfriesland miteinander verbunden werden können. An über 20 Paddel-und-Pedal-Stationen können Naturliebhaber auf Kanus oder Kanadier umsteigen und die ostfriesische Landschaft einmal aus einer anderen Perspektive erleben.
Reiten: Zahlreiche Reiterhöfe auf dem Festland, aber auch auf den Inseln, bieten Ausritte an. Das „Bett-und-Box-Angebot", die Möglichkeit, das eigene Pferd mit- und unterzubringen, ist eine weitere Offerte. Vom Ponyreiten für die Kleinen bis hin zu Ausritten auf imposanten Friesen finden all diejenigen, für die das Glück der Erde auf dem Rücken der Pferde liegt, herrliche Voraussetzungen vor. Höhepunkte für Ross und Reiter sind sicherlich Ausritte an den Stränden der Ostfriesischen Inseln.
Wandern/Joggen/Nordic Walking: Ob entlang der Nordseestrände, durch die Dünen (so weit erlaubt), in den Parklandschaften des Ammerlandes oder entlang den Kanälen im Fehnland – für alle, die am liebsten „per pedes" unterwegs sind, bietet Ostfriesland zahlreiche Möglichkeiten. Ambitionierte Läufer und Walker haben die Chance, sich bei diversen Wettkämpfen zu messen, unter anderem beim EWE-Nordseelauf oder beim „Ossiloop". Letzter Schrei für die Nordic-Walking-Freunde sind Touren durchs Watt.

Preiskategorien

€€€€	Doppelzimmer	über 200 €
€€€	Doppelzimmer	150–200 €
€€	Doppelzimmer	100–150 €
€	Doppelzimmer	50–100 €

Wassersport: Die gesamte Nordseeküste bietet gute Bedingungen für Segler und Surfer. Fast alle der Ostfriesischen Inseln, aber auch die meisten Sielorte verfügen über ausgebaute Jachthäfen.
Auf Norderney fliegen die Surfcracks nur so übers Wasser, vollführen atemberaubende Manöver in der rauen Brandung. Hier finden jedes Jahr hochkarätige Regatten statt – mit Bernd Flessner stammt einer der weltweit besten Windsurfer von Norderney. Zudem ist die Insel ein ideales Revier für Kitesurfer. Anfänger sind auf den Seen im Binnenland sicherlich besser aufgehoben. Dort finden auch Paddler und Motorboot-Liebhaber auf den Kanälen und Flüssen ihr Revier.
In den Slipanlagen in Hooksiel, Ostrhauderfehn und Rastede können Wasserski-„Freaks" ihrem Sport nachgehen.
In der Nordsee darf jeder angeln, in den Gewässern auf dem Festland benötigt man in der Regel den Sportfischerschein.

Unterkunft

Luxusherbergen sucht man in Ostfriesland fast vergeblich. Doch sowohl auf den Inseln, als auch auf dem Festland gibt es unzählige gute kleine **Hotels und Pensionen, Ferienwohnungen, Appartements und Privatunterkünfte.** Waren letztere bis in die 1990er-Jahre oft noch recht einfach, düster und „piefig", haben viele Gastgeber inzwischen ordentlich investiert und bieten gleichermaßen komfortable wie gemütliche Behausungen. Vor allem sind die Ostfriesen in der Regel nette und patente Gastgeber. Für die Hauptsaison und zu Großveranstaltungen sollte allerdings vor allem auf den Inseln unbedingt rechtzeitig reserviert werden.
Ostfriesland bietet eine Vielzahl Möglichkeiten für den Urlaub in den „eigenen vier Wänden". Mehr als 30 **Campingplätze** stehen zur Verfügung, zudem noch über 50 Stellplätze für Wohnmobilisten. Auf den Inseln ist Camping mit dem Wohnmobil nur auf Borkum und Norderney möglich, auf den autofreien Inseln verständlicherweise nicht. Zelten kann man auch auf Spiekeroog, ebenfalls auf Langeoog und auf Baltrum, dort allerdings nur nach vorheriger Anmeldung. Auf den Inseln Wangerooge und Juist ist Camping allerdings nicht möglich.
Unterkunftsempfehlungen finden sich auf den jeweiligen Info-Seiten.

Dank ihrer weitläufigen Strände wird die Insel Juist gern als schönste Sandbank der Welt bezeichnet

Register

Fette Ziffern verweisen auf Abbildungen

Impressum

3. Auflage 2017

Verlag: DuMont Reiseverlag, Postfach 3151, 73751 Ostfildern, Tel. 0711 45 02 0, Fax 0711 45 02 135, www.dumontreise.de
Geschäftsführer: Dr. Thomas Brinkmann, Dr. Stephanie Mair-Huydts
Programmleitung: Birgit Borowski
Redaktion: Horst Keppler
Text: Sven Bremer, Bremen
Exklusiv-Fotografie: Martin Kirchner, Berlin
Titelbild: Martin Kirchner/laif (Dünenlandschaft auf Juist)
Zusätzliches Bildmaterial: DuMont Bildarchiv/Michael Marczok (S. 85 o.), DuMont-Bildarchiv/Marc-Oliver Schulz (S. 67 l., 67 r., 97 r.u.), DuMont Bildarchiv/ Karl-Heinz Raach (S. 85 r.o., 85 r.u.), iStockphoto (Illustrationen; S. 5, 28), laif Agentur/Martin Kirchner (S. 28 li., 80 l., 81 u.), laif Agentur/Gregor Lengler (S. 29 o.li.), Bildagentur Look/Thomas Grundner (S. 16/17), Bildagentur Look/ TerraVista (S. 29 u.), Bildagentur Look/Konrad Wothe (S. 81 o.), Mauritius Images/ Alamy (S. 51 u.), Mauritius Images/Alamy/Werner Dieterich (S. 19 o.l.), Mauritius Images/Raimund Linke (S. 51 o.), Nordseebad Spiekeroog GmbH (S. 18 li.), Picture Alliance/Carmen Jaspersen (S. 18 re.), Picture Alliance/Ingo Wagner (S. 19 o. r., 19 u., 29 o.r.), Picture Alliance/Hartmut Dirks (S. 33), Seehundstation Nationalpark-Haus Norden-Norddeich (S. 81 o.l.), Shutterstock (Illustrationen; S. 19, 80, 81), Vectorstock (Illustrationen; S. 18, 99)
Grafische Konzeption, Art Direktion: fpm factor product münchen
Layout: Cyclus · Visuelle Kommunikation, Stuttgart
Cover Gestaltung: Neue Gestaltung, Berlin
Kartografie: © MAIRDUMONT GmbH & Co. KG, Ostfildern
Kartografie Lawall (Karten für „Unsere Favoriten")
DuMont Bildarchiv: Marco-Polo-Straße 1, 73760 Ostfildern, Tel. 0711 4502-266, Fax 0711/4502-1006, bildarchiv@mairdumont.com

Anzeigenvermarktung: MAIRDUMONT MEDIA, Tel. 0711 450 20, Fax 0711 45 02 10 12, media@mairdumont.com, http://media.mairdumont.com
Vertrieb Zeitschriftenhandel: PARTNER Medienservices GmbH, Postfach 810420, 70521 Stuttgart, Tel. 0711 72 52-212, Fax 0711 72 52-320
Vertrieb Abonnement: Leserservice DuMont Bildatlas, Zenit Pressevertrieb GmbH, Postfach 810640, 70523 Stuttgart, Tel. 0711 7252-265, Fax 0711 7252-333, dumontreise@zenit-presse.de
Vertrieb Buchhandel und Einzelhefte: MAIRDUMONT GmbH & Co. KG, Marco-Polo-Straße 1, 73760 Ostfildern, Tel. 0711 45 02 0, Fax 0711 45 02 340
Reproduktionen: PPP Pre Print Partner GmbH & Co. KG, Köln
Druck und buchbinderische Verarbeitung: NEEF + STUMME premium printing GmbH & Co. KG, Wittingen, Printed in Germany

FSC
www.fsc.org
MIX
Papier aus verantwortungsvollen Quellen
FSC® C001857

Teeplantagen in Sri Lankas Hochland, so weit das Auge reicht. Die britische Kolonialmacht führte die Nutzpflanze um 1870 ein.

Eine von Berlins Vorzeigeansichten, der Blick auf Bode-Museum und Fernsehturm im Hintergrund.

Berlin

Große Kunst
Erwartet Sie in den Berliner Museen, nicht nur in jenen fünf, die auf der Museumsinsel liegen und von der UNESCO zum Welterbe gekürt wurden.

Die Hauptstadt anders erleben
Wie wäre es mit einer Rikscha-Tour durch das historische Berlin, mit einer Rundfahrt im Trabi oder mit einer Führung durch die Unterwelt?

Das hippe Berlin
Prenzlauer Berg, Kreuzberg, Friedrichshain und Neukölln, hier trifft sich heute die Szene! Wir verraten Ihnen, welche Clubs und Bars gerade angesagt sind.

Sri Lanka

Tropisches Märchenland
Für eine Reise nach Sri Lanka gibt es gute Gründe: eine traumhafte Landschaft, üppig grüne Vegetation, herrliche Strände und einzigartige Kunstwerke – lassen Sie sich mit hervorragenden Bildern einstimmen auf ein ganz besonderes Land.

Das Wissen vom Leben
Ayurveda ist eine 3000 Jahre alte ganzheitliche Heilmethode. Wir stellen Ihnen die wichtigsten Komponenten der Behandlung vor und liefern Ihnen Pro- und Kontra-Argumente für Ayurveda-Kuren.

Der lange Weg zum Frieden
Hintergründe und Fakten zum Bürgerkrieg, der das Land bis 2009 in Atem hielt.

www.dumontreise.de

Lieferbare Ausgaben

DEUTSCHLAND
119 Allgäu
092 Altmühltal
105 Bayerischer Wald
180 Berlin
162 Bodensee
175 Chiemgau, Berchtesg. Land
013 Dresden, Sächs. Schweiz
152 Eifel, Aachen
157 Elbe und Weser, Bremen
168 Franken
020 Frankfurt, Rhein-Main
112 Freiburg, Basel, Colmar
028 Hamburg
026 Hannover zw. Harz u. Heide
042 Harz
023 Leipzig, Halle, Magdeburg
131 Lüneburger Heide, Wendland
038 Mecklenburg-Vorpommern
033 Mosel
047 Münsterland
015 Nordseeküste Schleswig-Holstein
006 Oberbayern
161 Odenwald, Heidelberg
035 Osnabrücker Land, Emsland
002 Ostfriesland, Oldenb. Land
164 Ostseeküste Mecklenburg-Vorpommern
154 Ostseeküste Schleswig-Holstein
136 Pfalz
040 Rhein zw. Köln und Mainz
185 Rhön
186 Rügen, Usedom, Hiddensee
137 Ruhrgebiet
149 Saarland
182 Sachsen
081 Sachsen-Anhalt
117 Sauerland, Siegerland
159 Schwarzwald Norden
045 Schwarzwald Süden
018 Spreewald, Lausitz
008 Stuttgart, Schwäbische Alb
141 Sylt, Amrum, Föhr
142 Teutoburger Wald
170 Thüringen
037 Weserbergland
173 Wiesbaden, Rheingau

BENELUX
156 Amsterdam
011 Flandern, Brüssel
179 Niederlande

FRANKREICH
177 Bretagne
021 Côte d'Azur
032 Elsass
009 Frankreich Süden Languedoc-Roussillon
019 Korsika
071 Normandie
001 Paris
115 Provence

GROSSBRITANNIEN/IRLAND
130 London
030 Südengland

ITALIEN/MALTA/KROATIEN
181 Apulien, Kalabrien
017 Gardasee, Trentino
110 Golf von Neapel, Kampanien
163 Istrien, Kvarner Bucht
128 Italien, Norden
005 Kroatische Adriaküste
167 Malta
155 Oberitalienische Seen
158 Piemont, Turin
014 Rom
165 Sardinien
003 Sizilien
140 Südtirol
039 Toskana
091 Venedig, Venetien

GRIECHENLAND/ZYPERN/TÜRKEI
034 Istanbul
016 Kreta
176 Türkische Südküste, Antalya
148 Zypern

MITTEL- UND OSTEUROPA
104 Baltikum
094 Danzig, Ostsee, Masuren
169 Krakau, Breslau, Polen Süden
044 Prag

ÖSTERREICH/SCHWEIZ
004 Salzburger Land
139 Schweiz
144 Tirol
147 Wien

SPANIEN/PORTUGAL
043 Algarve
093 Andalusien
150 Barcelona
025 Gran Canaria, Fuerteventura, Lanzarote
172 Kanarische Inseln
124 Madeira
174 Mallorca
007 Spanien Norden, Jakobsweg
118 Teneriffa, La Palma, La Gomera , El Hierro

SKANDINAVIEN/NORDEUROPA
166 Dänemark
153 Hurtigruten
029 Island
099 Norwegen Norden
178 Norwegen Süden
151 Schweden Süden, Stockholm

LÄNDERÜBERGREIFENDE BÄNDE
123 Donau – Von der Quelle bis zur Mündung
112 Freiburg, Basel, Colmar

AUSSEREUROPÄISCHE ZIELE
183 Australien Osten, Sydney
109 Australien Süden, Westen
024 Dubai, Abu Dhabi, VAE
160 Florida
036 Indien
027 Israel
111 Kalifornien
031 Kanada Osten
171 Kuba
022 Namibia
041 New York
184 Sri Lanka
048 Südafrika
012 Thailand
046 Vietnam